金塊文化

金塊文化

親子36計

爸媽、兒女，和一個說話的屋子

知名親職專欄作家 呂政達◎著

推薦序一

一本藏寶的教養書

政達是個得獎無數的寫手，散文小說一流，他還具有心理學家的專業背景，非常專業，更重要的，他還是一個爸爸。

這個角色好極了，不像專家卻更像專家，可以試著用澄澈透明的方式窺探親職教育，身為好友，受邀作序，當義無反顧。

這些年來，我的教養論述有了更深一層的變動，這個周期，往往是每個十年。最近我開始思考，身為大人到底該給孩子什麼？該是過程還是結果，嘗試還是指引，我自己選擇站在一旁陪伴孩子慢速成長，在他們的人生周期中，看見依賴化成獨立的羽化歷程，他們鐵定會振翅高飛的，我最盼著，孩子懂得用心，有愛，對我們有情感，記得頻頻回首。

我對孩子的期望不再只是以往的功成名就，而是現在單純的守護一顆孝心。

父母迷醉的天才，我思之再三，終究明白，只要把人放在對的地方，人人都是天才，放錯了，就是蠢才了。

山中迷路時，土著是天才，他懂得野外求生技巧，了解叢林脫險法則，但坐在電腦桌前，他就是蠢才了。

我的這些想法叫做高度，有高度才會有視野，有遠見，而當父母的的確需要有遠見，見人所不能見，思人所思慮不到的，這樣一來，我們才有能力當孩子的先行者。

政達的思維慣常也是有高度，有遠見的，他的《親子36計》，肯定可以給讀者一些不凡的思考。教養一事，其實很難，但如果不花點時間思考，未來會更難，「36計」不教人走為上策，而是提點有心當好父母的「讀」為上策，這本書值得讀者用心讀，因為其中藏有寶藏。

游乾桂寫於閒閒居

（作者主修臨床心理，曾任818醫院、台灣地區婦幼衛生中心、全家聯合診所、建國聯合診所心理師，《父母親月刊》總編輯、宜蘭生命線主任等職，現為中國健康家庭協會秘書長、專職作家）

推薦序二

不要忘了給年長的自己一個清新感覺

閱讀中，感受到作者的親切與在日常生活與孩子相處之中，累積了「看孩子」、「看生活」的「敏感度」，這個敏感不是可用外在量尺測量出的，而是在日常生活不斷對話以及對自己慢慢浮現出來的一種日漸熟習的直觀力。來自日常相處的經驗（非觀念）的了解，引我們直接地投入了這種親暱的關係中的「聯繫」。

如書中說道：男孩喜歡讀一本故事書，常看見他拿著那本書在讀，翻到封面起毛了。爸爸看不過去，問道：「嘿，那本故事書有那麼好看嗎？看一遍知道意思就夠了吧！」爸爸總覺得，兒子老看同一本書，聽同一個故事是沒有創意的。……其實，爸爸可能離當男孩的年紀已有些久遠。不然他會想起來，孩子學習、喜愛一個故事，總要經歷「一讀再讀」的過程。作者描述當我們在看著孩子時，何嘗不是也看著自己；這個觀照之下，不再是「大人」與「小孩」互不侵犯下的關係，而是我

們重新提醒自己一次，重新審視自己的生活處境，不要忘了給年長的自己一個清新感覺。

李宗芹

（作者為輔仁大學心理系副教授、台灣舞蹈治療研究協會理事長、國立台北藝術大學音樂系兼任副教授）

自序

拼貼與體驗

會寫這麼多年的親子文章，一度，還在自己的履歷表上列進「親子作家」，現在回想起來，其實既是命運所趨，也像是一個意外的旅客。

我有一個特殊心智的兒子，與他每日的相處，後來成為我寫作的靈感，不僅得了一些文學獎，後來也結集出書。那年，他快要從國小畢業，標誌一個人生階段的結束。

然而，這本《親子36計》，卻得歸功於另一段機緣，即幾年前我應《自由時報》家庭親子版主編魏伶如的邀約，從一個中年男人、丈夫、爸爸、家裡的東西到親子關係，每出一本書後，我就換一個主題，幾乎把家庭內和親子間能寫的面向都寫過了。我在這本新書裡，特別要感謝伶如多年來，對我書寫的容忍和鼓勵。

為什麼只有「36計」呢？現代生活裡的親子關係可說三百六十計都不夠用，取

這個名字，當然也是形容親子議題的複雜多元。但是，如果你（妳）剛好是吾家有子初長成的父母，可能會想快速的得到一個答案，或是一道萬能黃金律，幫助你們陪孩子好好長大，走好這條教養路。

一年前，我到中壢的一所大學，跟一群媽媽讀者交換意見時，我就強烈地感受到，媽媽面對親子教養時的心急和焦慮。所以，做為一個親子作家，我勢必要快速地交代一下自己的想法。

首先，教養的一致性原則是最重要的，所有的教養理論背後，求的也非常一致：希望孩子將來成大器、過得好、活得快樂。但怎麼樣才能達到這些目標，卻隨父母的性格和經驗，而有了五花八門的答案。

所以，不僅親子間有各種各樣的計，這世間也有各種各樣的父母。任何一本書，都不可能滿足來自各方各面的父母的需要。我自己在重新讀這些文字時，發現我的親子觀有兩個特色，一曰後現代主義的「拼貼」（collage），我在長達兩三年的書寫裡，彷彿用拼貼馬賽克的精神，將不同的文本、文義和理論拼貼成一個完整的圖案，而這個「大圖」又是什麼呢？

簡單的說，其二，就是「體驗」和「記憶」。父母和孩子往往沉迷於當前的問

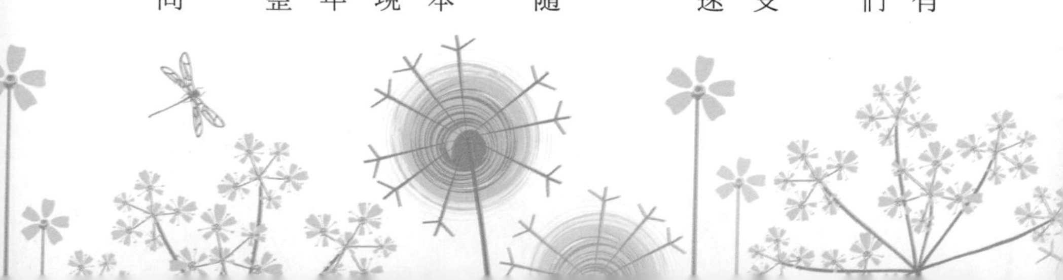

題或情境，卻往往忘記一個事實：這種種的體驗，將來就會是孩子的「記憶」。在很多事情上，父母絕不要以為有什麼一定對、什麼就一定不行的教條式觀念，在這個過程中發生的快樂、爭執、失望或喜樂，將來就會統統成為孩子的「記憶」。我因此就常跟父母們說，要讓孩子擁有各種各樣的「體驗」。孩子的體驗也像拼貼般，在日後會繪成一張他自己的「大圖」，站遠一點看，每張圖都有特色，都有值得欣賞之處。

這個「體驗」，也就是英國兒童心理學大師溫尼考特在《遊戲與現實》所寫的：「當每個人發展到成為一個完整的人的階段，有了『一身皮囊』及一個『外在』與一個『內在』時，我們就可以說，這個人有了一個內在的現實。」「這個不可忽略的部分，就是由內在現實與外在生活所構成的『體驗』這個中間地帶。」

切切謹記這句話，在教養裡，父母所應該做的，是豐富孩子「成為一個完整的人」前所需的各種體驗。人就是這樣長大的，但當父母將兒時的經驗歸納為「教條」後，卻往往犧牲掉讓孩子親身去體驗的機會。

記住，這正是一本教養的體驗之書，體驗我這個父親及我觀察到的世界，是如

何的成為我的體驗。然後，你也要陪著孩子（是「陪伴」，而非一定是「帶領」），形成你們的體驗，豐富著你們的視野。

親子路上，深深祝福。

呂政達

到現在，還常有人要我再寫兒子的故事，我在他國中畢業前夕，寫了一篇這樣的文章，請看看吧，也當作一個人生階段的感言。

紙莎草和男孩

我拿著學校聯絡簿，在清晨下樓，等來接兒子的交通車。車子準時來到，我跟隨車阿姨說：「兒子今天不舒服，不上學了。」

阿姨疑惑地看我：「今天是你兒子上國中的最後一天，不上學嗎？」

「噢，」我第一次把這兩件事聯結一塊，「請把聯絡簿還給老師，說是要歸檔。」

聯絡簿裡，密密麻麻記載這半年兒子在學校的一切、我們與老師的對話。最近兒子發明吃紙的新嗜好，我戲稱他是羊咩咩轉世，有一回，他念頭動到聯絡簿的紙，真的撕下某一天揉成紙團，放進嘴巴咀嚼吞下。我向前搶下其他的日子，想著

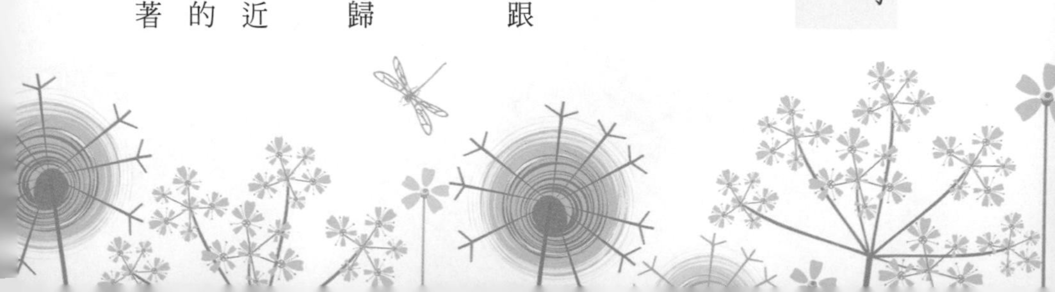

吃下肚的那一天，可能有兒子在學校不愉快的經驗。果然，我從殘剩的字句看到，那一天他在學校推人又爬牆，老師特別用紅墨水描述經過，我才知道那天特教班老師全出動，整整找了一節課。

我轉回身，按電梯上樓，想到這天在往後日子裡的紀念意義，頗覺超現實的游離虛幻，兒子的國中年代就這樣結束了，如果把這一天記在紙上，吃下肚，會是什麼樣的滋味？

其他的壞日子，所有引起頭痛和傷心的理由，連眼睛也不想睜開迎接第一道陽光的時候，不如也一起吃下肚吧。我想，也許這是兒子表達感覺的一種方式。

這三年的接送，在回家的路上，兒子變成我的影子，或者反過來說也通。這道影子後來練就一身本事，遠遠的將我拋在後面，反正回家的路他也熟，每一個轉角，他跳躍過每一個斑馬線白線，用力而響亮的踩下每一個腳步，橡膠磨擦柏油路面，並因而讓我一再為他買新鞋。遠遠的，我像在追趕一個海市蜃樓，他只在紅綠燈轉換急切的催促音下停住，回頭看我是不是追上來了，他的眼神像告訴我：「快，生命是不等待人的。」

誰是誰的影子呢？我在國中圍牆附近的小吃攤，想吃一碗米粉湯，瘦小的老闆

搭訕：「今天兒子沒來嗎？」「還沒下課。」有禮貌的答覆，背後的理由是：「他最近體重又增加了。」在這條通過草地、紅綠燈、甜甜圈店和兩家百貨公司，華麗的回家路途，我和兒子相隨的身影已被沿途記取，成為一個不經意的共同經驗。

將來，還會有其他父子繼續走這條路。書寫，日後我想把感覺如實寫在紙上，但謹記不能用兒子喜愛咀嚼的白報紙，白報紙有種植物的特殊氣味。他會連同我的筆跡、我熬盡腦汁想出來的一個隱喻和我們共同的記憶，一起放進嘴中咀嚼，吃進肚。我總為他著急：「唉，會不會肚子痛啊。」繼而好笑，把記憶吃進肚裡，混和胃酸，究竟算不算稿費？

我繼續思索國中生活的結束，明天還有場畢業典禮，也打定主意不參加了。畢竟，特教班總是排在最後面才亮相，等待三個小時的貴賓和長官致詞，和一連串升學班、市長獎、校長獎的頒獎，照相後，兒子才有機會從座位站起，三秒鐘，「謝謝，請坐下。」我寧願不要如此的儀式，行禮如儀的結束。

眼前的結束，其實足夠讓我這個父親略微傷感，效果僅次於聽見少年時熱愛的老歌。中年後，似乎什麼節奏都加快，常要面向如此倉促的轉換，結束和開始，來不及做太多的練習，像兒子有次吃我的草稿的速度，我來不及搶下，「怎麼辦，」

我跟兒子說，「我以後不再有那個靈感了？把靈感還給我。」兒子衝著我傻笑，下一刻，從書房角落抱來一堆草稿紙給我，我知道那是他表示歉意的方法。

「不一樣，我要的是寫在紙上的字。」我說，有些耍賴的意味。然而，在兒子的心智世界裡，字不過是一些墨水。

這才是書寫的本質吧。兒子特殊的嗜好啟示我，最適合書寫記憶的，其實是古埃及的那種紙莎草紙，由於紙質脆弱，禁不起風吹日曬和年代侵蝕，再珍貴的也注定消失飛散。埃及人會跟一道吹過紙張的風說，把我的靈感還給我嗎？

像這三年的行走，天空蔚藍，落英繽紛，再不美好的也趨於結束了，最珍貴的，父與子的等待和對望，卻始終沒有寫在任何一張脆弱的紙張上。我很想知道哪裡可以買到紙莎草紙，想抱著一堆紙，坐下，和兒子一張一張的咀嚼，一起吃進肚內。

C·O·N·T·E·N·T·S  

C·O·N·T·E·N·T·S 目錄

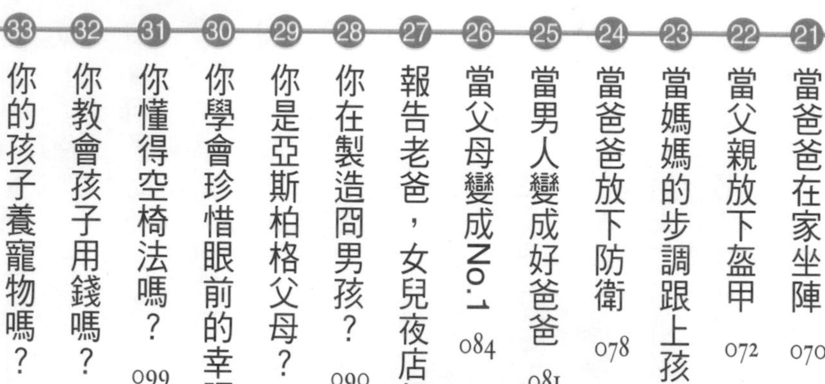

C·O·N·T·E·N·T·S

目錄

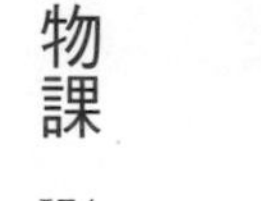

1 品格教育要分階段進行

研究人類道德發展的心理學家勞倫斯．柯伯說：關於道德品格，孩子自有一套思維，不是大人教他什麼是品格，他才會有想法。

曉娟的女兒興奮的跟媽媽說：「媽，王力宏可能會來我們學校喔。」媽媽說：「等等，怎麼回事？」女兒說，因為教育部正在推行有品運動，王力宏被選為「有品大使」，將來會巡迴校園宣導。「唉呀，我就可以見到偶像了。」興奮時的女兒，看起來卻一副沒品的樣子。曉娟不想澆女兒冷水，只悄悄插一句：「八字都還沒一撇呢，妳不要高興得太早。」

曉娟在女兒的年紀，也迷過自己的偶像，但她從來沒有想過，偶像或知名人物會來學校跟她教品格，曉娟說：「時代真的不一樣了，但王力宏如果真的去我女兒

的學校，我想女兒只會記得要他的簽名，不會記得他講的品格或品味話題。」

當時也有些國中生父母有點擔心，教育部說要砸下這麼一大筆經費推品格教育運動，難保將來推甄上高中時，還規定要看學生的品格、品味和品質的表現。我說，依照教育官員的思維邏輯，這是頗有可能的。

沒有錯，只要父母或教育工作者，對於孩子的品格低落都會感到憂心，也急著要用他們最擅長的教導、宣導、開導、典範學習來提昇孩子的品格，巴不得品格就是帖補品，直接餵進孩子的嘴裡。然而，一輩子都在研究人類道德發展的心理學家勞倫斯．柯伯就如此給父母潑冷水：關於道德品格，孩子自有一套思維，不是大人教他什麼是品格，他才會有想法。

如果你確實注重孩子的品格教育，請記住柯伯提過的四個道德發展階段。

簡單的說，五歲左右，第一階段是事情只有好壞之分，是「標籤化、懲罰和服從」的階段；七歲左右，「好」跟「壞」是相對的，會遭到處罰的是「壞」，得到獎品的就是「好」，所以作弊只要不被抓會很「快樂」，偷東西只要不被發現，也是可以的；第三階段，「要nice，開始關心別人」；九歲左右進入第四階段，規矩、秩序、守法、父母權威的重要性躍上來，成為塑造品格與道德意識的主要力

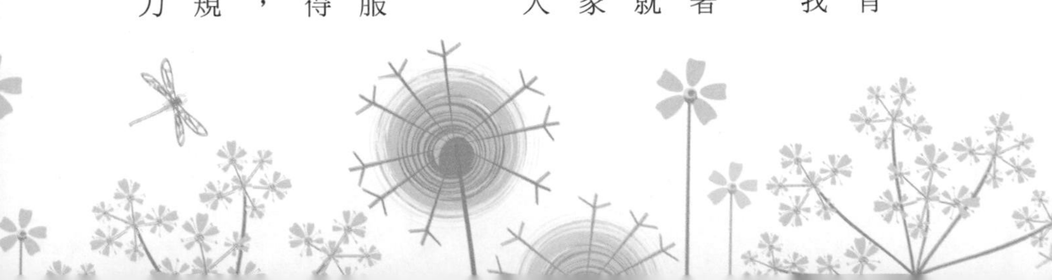

量。

九歲以後呢？教育官員關心的不就是九歲以後的品格教育嗎？別急，台灣的品格危機其實是出在於，我們從孩子小時就急著教，不留給他們自行思考，所以大部分的孩子，包括相當比重的大人的品格發展，一直停留在七歲。

2 一讀再讀，超越快樂

男孩喜歡讀一本故事書，常看見他拿著那本書在讀，翻到封面起毛了。爸爸看不過去，問道：「嘿，那本故事書有那麼好看嗎？看一遍知道意思就夠了吧！」

爸爸總覺得，兒子老看同一本書，聽同一個故事是沒有創意的。他記得自己沉迷過古龍和金庸，後來連續劇一播再播，但金庸的小說，他記得只讀過一遍，從此就再也沒有拿起過。

其實，爸爸可能離當男孩的年紀已有些久遠。不然他會想起來，孩子學習、喜愛一個故事，總要經歷「一讀再讀」的過程。針對這項學習法則，佛洛依德早在《超越快樂原則》提出觀察：「要說服一個成年人馬上重讀一遍他非常喜歡讀的一個故事，幾乎是不可能的，新奇總是快樂的必要條件。然而，兒童則會不厭其煩的央求成人重複一個他們聽過的故事，或他們一起玩過的遊戲，直到這個成人拒絕再玩，或實在精疲力盡為止。」

在資訊爆炸，隨時都有新書面世的時代，一個被男孩搞得精疲力盡的爸爸，隨時得提醒自己，重讀是必要的，重讀也是一種快樂的原則。義大利作家卡爾維諾如此定義：「經典是那些你經常聽人家說『我正在重讀……』，而不是『我正在讀……』的書。」男孩喜歡讀的故事書，可能是某部經典的簡易少年版，請爸爸和他一起重讀——最好爸爸自己讀過那本經典，引導男孩將來成為一生愛書的人。

而爸爸在陪孩子重讀故事書時，每次可以都加一點不同的東西，或多引一些父子的親身經驗，或引領孩子看到這個故事的不同面向，或提出不同的問題。父子一起思考，這個已流傳一百年、兩百年的故事，究竟有什麼吸引人的地方？

幾乎每個爸爸都忘記自己也擁有過一讀再讀的書，對重讀失去了耐心。我們較習慣上國中後丟掉國小的書，挪出更多書架空間來放課本。上了高中，同樣的動作再重複一遍。大學畢業時，則將所有書丟掉當作成長儀式。爸爸這個大人的心智逐漸成熟世故，讀書為了需求且講究效率，而不再是為了故事的樂趣。他可能忘記，此刻兒子重演的，重讀一本故事書的興奮感，也在他小時候發生過。

3 孩子肥胖，小心沒自信

英國有個研究報導說，自信心低落，生活控制力較差，較有憂鬱傾向的兒童，成年後可能會比較肥胖。

從「自信心低落」到「生活控制力較差」，再發展成「憂慮傾向」，其實是發胖的三部曲。我們發現許多有憂慮傾向的人，從青少年期自信心分數都不高，但他們在青少年時期為什麼自信不足，卻有著各自表述的故事。其中，家人過度重視外表、體重，曾遭到嘲笑可能扮演關鍵因素。

「自信不足」更容易聯想起的兩個字是「自卑」，許多人在童年和青少年階段其實都難逃自卑感侵襲。我用自己的人生經驗得出結論：請不要在自卑感的影響下吃東西，一旦建立起飲食習慣，體形發福後，「自卑」和「尋求飲食慰藉」會形成循環關係。也不要一直斥喝孩子的暴飲暴食，請先了解、安撫他們有沒有因自卑感而吃下過多食物的傾向。

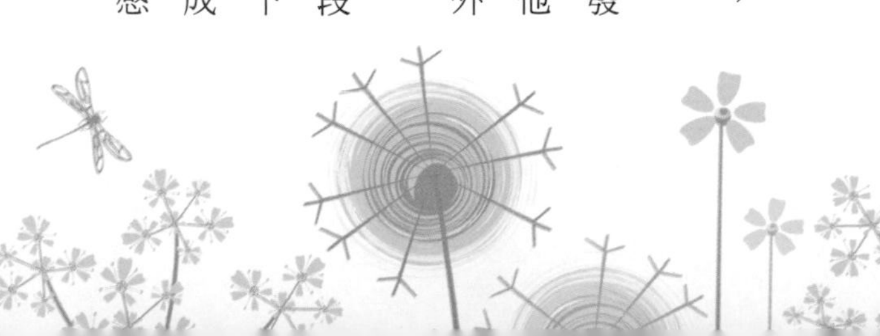

最關鍵的原則是，如果形成了導向肥胖的飲食習慣，就會出現滾雪球現象。一九七五年心理學家赫曼（C.P.Herman）和麥克做過這樣的實驗。他們給每位受試者一份到三份奶昔，接著再給兩杯冰淇淋，請受試者嚐出冰淇淋的口味。受試者以為實驗目的是要說出對冰淇淋口味的意見，其實是想看他們先吃了奶昔後，還能吃多少冰淇淋。

結果，剛剛已吃下三杯奶昔的人，反而比只吃一份奶昔的吃下更多冰淇淋。原來我們以為，已經吃過三份奶昔，應該比較沒有胃口吃冰淇淋，結果卻剛好相反。許多力行節食計畫的人會失敗，其實在實驗中看得一清二楚，當你動念想：「我只吃一個就好，不會怎樣。」就是「自信不足」的失敗濫觴了。心理學家說：「心理上的無力感，會使你一旦開始吃點心，就會吃個不停。」

這個實驗也讓我們更加了解，為什麼自信心低落的兒童，日後會變得肥胖！然而，你也想好應該怎樣幫助孩子了嗎？

4 四年級開始創造力驟降

小學四年級，約是九到十歲間，這時爸媽開始擔心孩子的身高體型能不能跟上同學，會四處訪求「轉大人」的藥方。但是，卻較難察覺所謂的「四年級驟降」現象。

常和孩子畫畫、寫作業的媽媽，或許曾有一絲感覺，四年級前，孩子的思維、想像充滿天馬行空般的幻想，常畫出不符合物理邏輯的事物。進入四年級，脫離現實的想像卻大幅縮水，畫畫，也變得很有科學概念。例如，喜歡畫畫的小兒子以前會畫一部車子長翅膀，自己播電影給自己看，現在畫的車子裡多一個人在看電影了，問他原因，他說：「如果車子只顧看電影，容易出車禍。」

媽媽對小兒子合乎現實的答案表示讚賞，孩子終於「長大懂事」。其實媽媽心裡有些懷念，那部自己會播電影的怪車，那才是小兒子一個人的獨特發明。有人在裡面看電影的車子，反而人人都會畫。一九六八年，創造力測驗界大大有名的托

倫斯（Torrance）有和這位媽媽相同的感嘆。托倫斯研究發現，四年級創造力驟降現象，在美國兒童中約占五十%。最近重做的調查，顯示出來的數字也差不多。但是，什麼原因造成的呢？有人認為，人的神經系統在九到十歲間發展成熟，開始接受慣例，但也開始喪失原創思考。四年級的孩子開始懂事，服從老師的指導，也不願意在同學間顯得突出、怪異，於是，四年級開始變成創造力的乖乖牌，想像合乎科學慣性邏輯，但也因此，讓現代教育幾乎再也培養不出第二個愛因斯坦。

爸媽將孩子送去號稱能培養「小愛因斯坦」、「小牛頓」的科學營訓練班，那種錢可以省起來了，因為，接受愈多的指導和學習，反而和愛因斯坦愈行愈遠。提出「多重智力」的著名心理學家加德納（Howard Gardner）就說，愛因斯坦的思考特徵是「回到他童年期的概念世界」，對愛因斯坦來說，思考愈簡單愈離奇，反而愈在行。

家有四年級生的爸媽或可在孩子進入關鍵階段時，偶爾繼續增強、鼓勵孩子無厘頭、違背邏輯、不受約束的想像方式，四年級的身心和大腦發展裡，奇想的城牆開始迅速崩塌，就在家裡，容許他的一點點無厘頭吧！

5 天才人生，非僅輸贏！

香港音樂天才少年黃家正，十一歲時和爸爸接受紀錄片拍攝，說他從七歲起一直在想人為什麼存在，為什麼有「我」，為什麼有了生命，最後又歸沉滅。

當時黃家正留著平頭，已得到香港音樂大獎，還到捷克首演，前程燦爛似錦，他卻用稚嫩的聲音說，留下來的生命，他想要自殺。

這是金馬獎紀錄片《ＫＪ音樂人生》，令人留下深刻印象的片段，其實，也一舉違背媒體和大眾對「天才」的印象。天才似乎總是進取、光明、樂觀、驕傲的，不會有因懷疑存在意義而產生的陰暗面。嗯，黃家正確實有恃才傲物的那一面，當爸爸問他：「誰是最好的演奏家」時，他爽快回答：「我。」爸爸怎麼對待兒子的陰暗思惟呢？

記得在歐文亞隆的書上看過，四歲兒童就會問死的問題，如「小貓咪為什麼會死？」，有問題，就表示他們這麼小就已觀察到死的現象，但僅是將死「客體化」

和「遊戲化」。天才的想法卻顯然更早熟，更早些年想到：我為什麼會存在？

這也是紀錄片最讓人動容的一幕：十一歲的家正講著講著，就迸出眼淚，跟爸爸要紙巾。爸爸摟他的肩頭：「我以後要跟你多聊聊。」這個尋死的議題，就沒有在紀錄片中提起了。黃家正到了十七歲時受訪說，他受不了爸爸帶他到處比賽、表演，只想著贏。「我們家吃飯只有兩個話題，一是音樂比賽，另一個就是足球。」足球當然也是有關輸贏的話題。他對爸爸一直拿他和其他音樂天才少年做比較，感到相當挫折。曾有兩年，他的演奏才華暗淡下來，換來爸爸的關切，卻是：「怎麼回事？你被誰誰誰趕過去了。」

爸爸對待家裡這個天才的模式，其實回饋到黃家正懷疑學習音樂和生命的態度。十一歲時，爸爸說要跟他多聊聊，但在少年心裡，父子卻從沒有真正的聊過，只有展示天才和輸贏的世界。當你被視為天才，或者被當成天才般教養、期待時，從此你的世界也將只剩下輸贏、不進則退，你變成才藝的展示場，但天才炫弄的或許只是手指，他的心沒有被照顧到。

我不知道有多少父母看過這部紀錄片，但足夠反思台灣也相當盛行的天才教養。也更能體會，為什麼有些人反而視天才如畏途了。

6 沒有偏差孩子，只有偏差對待

五歲的黛瑩時常從噩夢中醒來，說她夢見一隻大獅子，每次，爸媽都會跑過來安慰她。白天時，黛瑩會跟任何願意聽她講話的人談起大獅子，媽媽也鼓勵她去跟別人說，認為把恐懼公開說出來有助黛瑩克服。

事實上，情況卻不見好轉，黛瑩的恐懼情緒愈來愈高，她內心深處編織的其實是：「如果我談到大獅子時，爸媽都這麼感興趣，這隻大獅子一定真的存在。」

許多教養書籍和專家意見都告訴父母要試著安撫、留意、溫婉詢問、了解孩子的咬人、打架、攻擊、喊叫、打摔東西、不服從父母指令的種種行為；結果，愈是注意，孩子的行為愈顯得「偏差」。

我不想直接用「偏差」形容孩子的言行，這是透過成人的主觀所觀察到的，但「偏差」背後可能都有父母長期來的「偏差」對待。也有可能，先有「偏差」的父母，才會出現「偏差」的孩子。

其實，遇到這樣的孩子，法則永遠只有一條：父母應該把對幼稚行為的注意力，轉移到成熟的行為。如果孩子常常說謊，你要用自己的對待方式讓他悟出：只有當他做出誠實言行時，才會得到父母的注意。如果你想要讓黛瑩克服恐懼，當她再次談到大獅子時，不用阻止她（阻止也是一種注意），也不要刻意忽視（這也是一種注意，五歲大的孩子已有辦法分辨），但請將較多的注意力轉到她的「成熟行為」，像吃飯時幫忙擺餐桌，「噢，黛瑩，今天幫媽咪放餐具啊，真好。」，或是「黛瑩，謝謝妳記下王阿姨的來電，妳長大懂事了。」

如果黛瑩潛意識裡想藉夜裡做噩夢驚呼和談論大獅子，來得到父母和成人對她的注意，現在，爸媽為她提供了更成熟的表現選擇。

7 拒絕他，腦很傷

認知心理學家的國中生兒子回家時氣憤不平，班上有些同學計畫出遊，卻不找他。兒子說，他最討厭同學搞「小圈圈」，讓他很「受傷」。

這位認知心理學家脫離青春期已久，坦承他不明白，兒子為什麼會有如此強烈的反應？他說，他很想直接告訴兒子，這些人不跟你玩，你就去找別人玩，不然自己玩嘛。但做為爸爸和心理學家的直覺卻告訴他，不可等閒視之。

有則關於籃球的笑話：為什麼非得十個人去搶一個籃球，自己玩投籃，拿到球的機率從十分之一一下增為百分之百。然而，這個笑話，不適用在場邊等著想參加球隊的國中男生。

國中男生的認知裡，別人不跟你玩，讓他感到強烈的排斥和拒絕，那種心理的疼痛非常類似身體的真實疼痛。神經心理學家納歐密・艾森柏格（Naomi Eisenberger）做過一個實驗，想了解被別人拒絕的腦部運作。她讓受試者玩投球的

電腦遊戲，情境模擬嘈雜校園，並讓受試者以為是在和另外兩個人玩投球。後來他沒有再接到「球」，變成另外兩個人撇下他自個兒玩起來。這位可憐蟲當然會出現強烈情緒，用儀器掃描他的腦部，發現大腦的情感警示區，即前扣帶腦皮質的後部有強烈反應，通常這類腦部活動會引發疼痛和沮喪。

被排斥的感覺連帶也扯進家庭、學校、自我的價值和地位感，都會一起貶低。國中生兒子回家講這件事，其實有點想「依靠」爸爸，從爸爸這邊得到補償和回饋。這時，不用再說兒子「小題大作」、「一定要在意這種芝麻蒜皮的小事嗎？」那只會繼續增加他被排斥的感覺。對一個國中男生來說，這才不是芝麻蒜皮的小事。

有些父母直截了當告訴孩子，哪裡做錯了，加上一句：「我都是為你好。」其實，那同樣也會引發腦部類似被拒絕後的反應，變成真實疼痛。後來，孩子開始逃避不擅長的、可能會做不好的事，也逃避學習新事物。因為，那代表「出錯」。

父母或許較難自知，但如果悄悄觀察其他父母和孩子的談話，尤其在指正孩子的時候，通常會：一、無意間抬高自己的地位（因為，父母覺得他是對的）；二、也是無意間貶低孩子的地位。言語排山倒海而去，卻不能察覺孩子腦部的細微化學

變化。

請記得，孩子的心需要父母，請試著用正向回饋，抬高孩子的地位感，公開的，在別人看得到的場合，指出孩子做對、做好的地方。他總有些事情值得讚美。

8 哥哥打弟弟，不是小事喔！

虐童、家暴案多到不知該如何想像，親密的家庭，淪為暴力相向的溫床。另有一種「家裡的暴力」，即兄弟姊妹同儕間的肢體暴力，卻較少浮上媒體檯面。心理學家早就發現，同儕間的暴力會變質，竄升為更大型、更具體的暴力。同儕暴力，其實有點像家暴、婚姻暴力的預演。家裡兄弟姊妹間，有沒有出現過暴力行為？用這類問題詢問父母，通常會得到個輕描淡寫的答案。

我親眼看到一家三個小孩在客廳演出全武行，事後卻揮揮手說：「唉，小孩子不就整天打打鬧鬧的嗎？」、「大一點，進學校就會改善。」家裡的媽媽還說，最好不要讓老爸知道，上次老爸插手管，就是把三個人各打一頓，結果事態反而變得更糟。這位媽媽常用的那兩個理由，家暴研究者一點都不會覺得陌生，還發現家長使用否認的防衛機轉處理家中小孩間的暴力，已到令人驚駭的地步。

心理學家史田美茲的研究發現，八歲以下的兄弟姊妹有七十八％會使用肢體暴

力來解決衝突，那時多半是為了搶玩具，看見弟弟擁有件讓他眼紅的玩具，二話不說，一把搶過來最快。如果爸媽未出面有效制止，可能日後會食髓知味養成習慣。九到十四歲間，彼此暴力的機率降到六十八%，但會為個人空間的侵犯、碰觸、做鬼臉啟動爭端。年紀再大，十五歲以後，比例看來是降了一些，六十三%為的是義務、責任或對方不夠有社會優雅感而打起架來。

用心理學家的研究來看媽媽常用的兩個理出，確實肢體暴力在進學校以後會變得較少，十五歲也就是我曾經寫過的「四年級驟降現象」；但史田美茲本人就警告說，夫妻解決婚姻衝突的手段，和孩子用來解決兄弟姊妹間紛爭的手段，有極高的相關。很有可能，兄弟姊妹間的暴力會一直延續到這個人結婚以後，然後再由他的孩子繼續傳承下去，這麼一來，家暴在社會裡真的就沒完沒了了。

建議父母親還是要有效處理，用溫和、理性的方式問清楚理由，適當的安撫孩子。可能的話，不要以暴制暴，以為用暴力把場面壓下來是最快的方法，快是很快了，但孩子也很快會長到你壓不住的程度。

9 動態胎教，培養冷靜頭腦

我曾遇見一名七歲男童，每當電視播放暴力或恐怖情節，就會整個人僵住、發冷汗。這時，他的媽媽會一面把他帶走，一面還說：「他天生就是這個樣子。」天生的基因可能有一部分，但近來心理學家主張，若較早點，甚至在娘胎裡就從事過冒險行為，可能有助於鍛鍊出冷靜性格的孩子。

要孕婦去從事冒險活動，聽起來好像有些不可思議？資深媒體人兼冒險家勞倫斯·岡薩雷斯曾採訪過超級摩托車大賽，其中邁格·杜哈梅爾是本田車隊的當家車手。據岡薩雷斯訪問杜哈梅爾的媽媽回憶說，她懷邁格初期，常常騎著摩托車出門。邁格還是嬰兒時，只要吵鬧不睡覺，媽媽就用揹帶綁著孩子，跨上摩托車去鄉間兜風，這時，邁格會停止哭鬧，好像從嬰兒期起他就是個天生的摩托車手。

岡薩雷斯還認識一對衝浪手夫婦邁克和莉莫，莉莫當時已有孕在身，卻趁肚子還沒有太大時，再享受一次衝浪，岡薩雷斯如此形容：「一個尚未出生的嬰兒已然光臨大海，開始累積不可或缺的知識，領略某種特殊的自然威力，那是真正的知識，屬於標記、模式、衍生情緒和神經網路。」

岡薩雷斯把這種早年教育和認知稱為「對高能量狀態形成『冷認知』」，讓孩子在未真正接觸該領域時，就已擁有了某種「冷經驗」。

這種說法，其實我們也不陌生，但稱為「胎教」。然而，我們的胎教偏重靜態和認知，而較少「動態」的部分。在台灣，如果我們聽說孕婦還去騎摩托車或衝浪，大概會勸她們「小心不要動了胎氣」，感覺上，西方人的冷靜和冒險性格勝過東方人，會不會從娘胎裡就出現了起跑點的不同？

心理學家艾莫莉萊登．華倫如此形容：「每個人最初的九個月，會在未來七、八十年回響，因為，一個娘胎裡的單一細胞要發展成比銀河系數目還多的細胞，工程非常的鉅大。」這個時候若有良好的影響，就將受用一輩子。

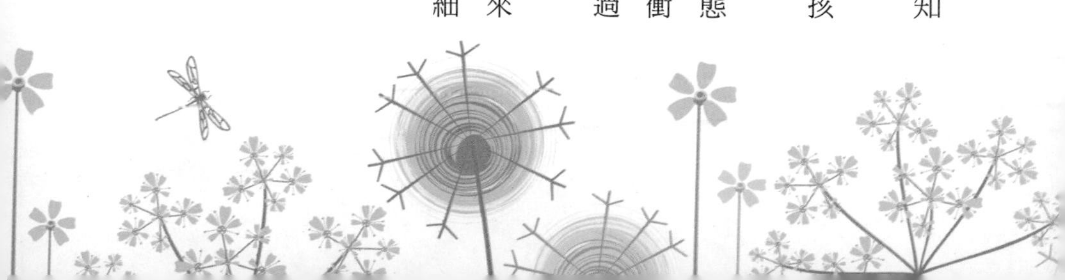

10 穿不穿比基尼都有關係！

二〇〇八女性影展有一部加拿大作品《拒穿比基尼》，幾位年輕媽媽看過後，話題圍繞在：敢不敢讓自己的女兒做這件事？

什麼事呢？影片中，媽媽給上游泳課的七歲女兒羅蘋買了套比基尼，媽媽離開後，小羅蘋卻發現上截太小，套不進去。她乾脆打赤膊和男生們混在一起，一起上游泳課。由於七歲孩子胸部發育還不明顯，男同學全沒發現羅蘋的女兒身，游泳時也不讓她，但羅蘋仍然有傑出表現，游泳課結束後得到老師的表揚，小羅蘋把獎狀帶回給媽媽，媽媽打開一看，寫著：「妳的兒子……」媽媽問羅蘋：「怎麼沒有說妳是女生？」羅蘋說：「他們又沒有問。」

加拿大導演拍的這部《拒穿比基尼》，卻讓觀眾發現，如果不去分辨性別，那個小羅蘋確實游得比許多男生還好。然而，如果男生們發現她是個女生，不知道會演變成什麼樣的情節。老師大概會立刻叫羅蘋穿上比基尼、離開游泳池、跟媽媽告

狀，也剝奪了小羅蘋在游泳課上成長和磨練的機會。

請試著用說故事的方法，讓女兒認同、瞭解自己女性身體的變化。如果你家真有小羅蘋這樣的小女孩，會天真的問妳：「媽媽，穿在裡面又沒有人知道，我為什麼要穿比基尼？」妳可以試著編一套故事，和她溝通妳對遮掩女性胸部必要性的想法。

美國華裔作家湯婷婷（Maxine Hong Kingston）著名的回憶錄《女戰士》（The Woman Warriors），就記錄下當她初經來時，媽媽跟她說的五個關於女人身體的傳奇故事。其中最有名的「無名女人」（No Name Woman）在二〇年代的中國，投井而死，全家族的人卻當作沒有這回事，照常飲用井水；也有花木蘭的身體、有被放逐在河面上的女嬰等等。如果妳對女人身體在中國的遭遇這個題材有興趣，建議妳找來一讀，並和女兒一起分享。

11 不吃早餐，愈早嘗禁果？

日本外務省厚生勞動科學研究組通過一項調查報告，說中學時代不吃早餐的人，第一次性經驗的年齡會提早。台灣爸媽們雖然較少和邁入青春期的孩子談性說愛，內心裡卻普遍有著「孩子的性經驗不宜過早」的呼聲。杜媽媽說，她的兒子才國小六年級，但現在她要每天都做早餐。

外頭吃早餐很方便啦，爸媽懶得做飯的，會固定給孩子零用錢，上學途中自己打發，口味也可自己挑。張爸爸就對這個報告相當懷疑：「長期不吃早餐，精神體力會比較差，怎麼還有氣力去想性呢？」按照他的看法，結果應該倒過來，每天吃早餐的人，初嘗禁果的年紀才可能提早。

然而，日本的研究其實是把「家裡不準備早餐」當作「父母對孩子不夠關心」、「家庭生活習慣不穩定」的意思。孩子會提早發生性行為，是藉此發洩家庭生活累積的挫折感。所以，做研究的學者還推論說，會提早發生性行為的人生活型

態較不正常，通常也會晚歸，所以更傾向不吃早餐。

歸納研究結論，爸媽若想孩子不要太早嘗禁果，必須朝「生活作息正常」、「讓孩子知道自己還有人關心」和「做早餐」等方向多多努力。調查結果另發現，回答「討厭媽媽，媽媽讓人厭煩」的人，平均十六歲就發生過性行為，比不吃早餐這一組還早一．五歲；討厭爸爸的人，平均卻從十八．六歲才開始性經驗。

其實，家庭生活裡，確實是媽媽會比爸爸關心孩子的性。爸爸由於擁有「男性總是性主動者」的身分印象，對這類事情反而較不易開口關心。所以，如果孩子和媽媽的關係不好，或是平時討厭媽媽，他的生命裡就會失去一個節制性行為的調節鈕。

美國曾經做過一項調查，要大學生回答：「誰是第一個囑咐你要帶保險套的？」答案就是「媽媽」。電影《暮光之城》裡，爸爸雖然近在眼前，詢問女兒有沒有做安全性措施的，卻還是遠在天邊、打電話聯絡的媽媽。

家裡營造出願意坦誠討論性問題的氣氛，對孩子的性發展過程，確實相當的關鍵。美國埃默里大學的研究也說，父母多關心孩子的性，分享自己的經驗，孩子也能較懂得節制，事到臨頭會顧及家人的感受，而不只是跟隨性賀爾蒙的衝動。

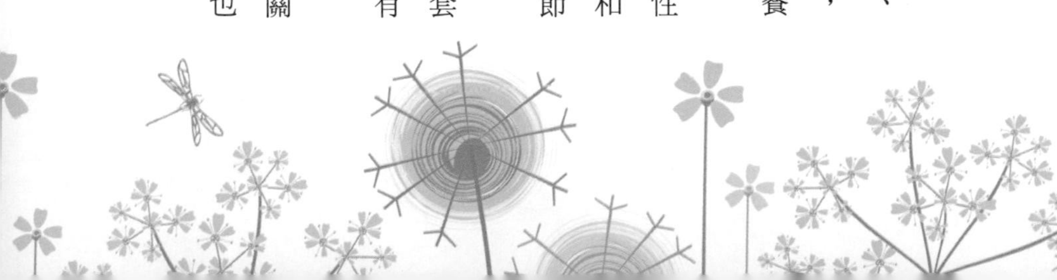

12 孩子轉大人，身心要兼顧

和自然療養專家陳博士談起父母最關心的「轉大人」問題，陳博士說，來求診的父母，普遍最關心孩子身高長不高、體重輕。話鋒一轉，他說，如果只是求藥方，給孩子吃成長激素，孩子的身高體重也許起來了，但內在心理的平衡，有沒有跟著成長呢？陳博士談到曾接觸過的一名青少年，十五、六歲前，男孩發育正常，身高在平均值上，然而隨後男孩開始夢遺，精液沾在內褲上，他不敢拿給媽媽洗，自己清洗後晾在一旁。

媽媽發現這條內褲，當然知道是怎麼回事，卻不敢直接問兒子。她告訴了爸爸，爸爸不明就裡，用嚴格、質疑的語氣問兒子：「你偷偷做了什麼壞事，是不是晚上偷看黃色小說？」男孩挨了這頓罵，開始對自己身體的自然反應感到害怕，失去自信心，身體出現的變化更不敢跟別人講。影響到後來晚上也不敢睡覺，長期處在壓力和精神緊張之中。

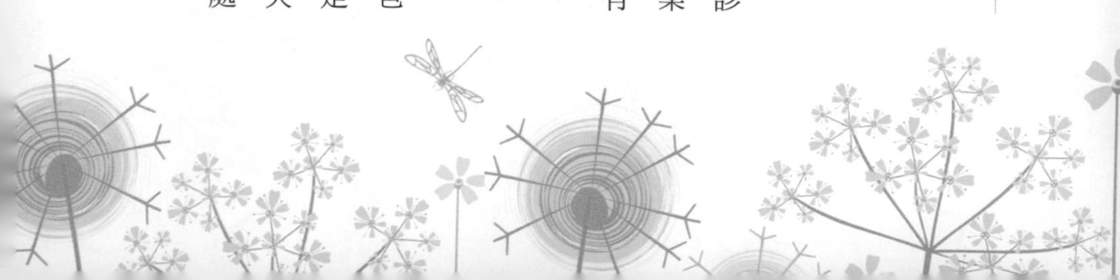

從中醫整體醫療觀點來看，內分泌會受情緒控制、影響。因此，在成長的關鍵歲月中，如果長期精神緊張，也將會抑制身心健康發展。後來一、兩年內，這名男孩都沒有再長高，上高中後看起來仍像國中生。憂心忡忡的爸媽帶他來向陳博士求診，問診時陳博士發現，男孩非常沒有自信，每句話都要看一下爸爸媽媽。陳博士問清楚事情來龍去脈，不禁感嘆，父母只顧著關心身高、體重這類生理現象，卻不懂得關照孩子身心靈的整體健康發展。

事實是，孩子心目中，每個父母都享有獨特、不可取代的地位。因此，父母必須負有專業輔導孩子身心的義務。身高或許可靠「轉大人」的成長激素來做調養，然而，隨著「轉大人」而來的性心理、自信心、責任感和自主能力，當然也需得到妥善的對待。我問陳博士，父母應該如何對待這名夢遺的大男孩，陳博士回答：「父母可以問：你有沒有喜歡班上哪個女生？」常常關心孩子感情世界的發展。不要以為這種問題是禁忌，早晚孩子總會遇到的。

陳博士說，從國中差不多要「轉大人」開始，讓孩子知道，「爸爸媽媽希望我找一個喜歡的人」，當然，喜歡背後是要負起責任的。那是肯定孩子，也賦予他自信心，不再以為「喜歡女孩」有什麼不對。

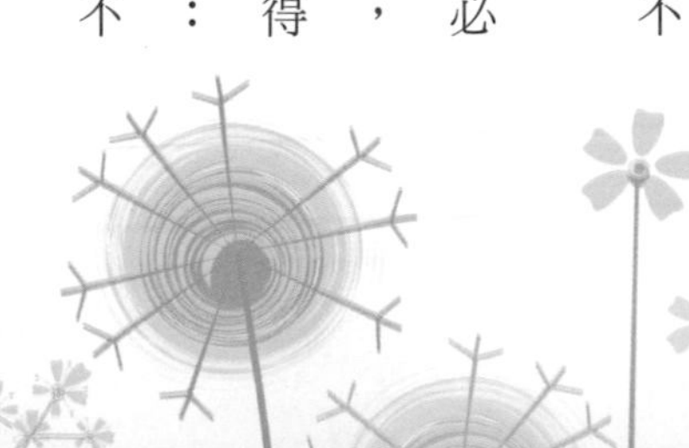

13 給孩子一個異想世界

創造力和想像力是很相近的心智特質，感覺上，有些像「棒球」和「壘球」的差別。但是，如果問爸媽，想要自己的孩子擁有什麼樣的特質，恐怕都會選「創造力」。

為什麼會選「創造力」，觀察一下當前社會氛圍，其實不難了解。媒體和教育界強調創造力的重要，許多課程和故事屋專門為創造力而開設，卻較少聽到有人提倡、談論要開拓孩子的想像力。

鄰居張媽媽曾為孩子太有想像力傷透腦筋，她的兒子九歲，不知是從哪裡得來的靈感，常想像自己是一艘船，漫遊在茫茫大海。光想像其實還不要緊，麻煩的是兒子常把家裡廚房和飯廳當成海，代價自然就是每個月昂貴的水費。

爸媽或者老師也常常不清楚，創造力和想像力有什麼分別。他們問：「有創造力的人不是也應該很有想像力嗎？」事實上，有創造力的人或許可稱為天才，但從

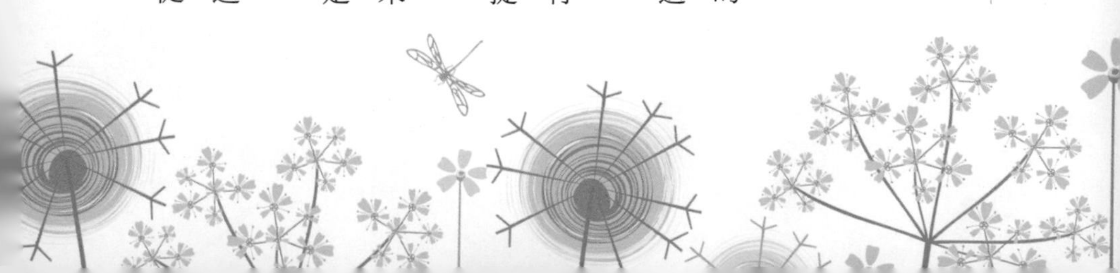

小有想像力的孩子將來才更有可能創造事業，成為某個領域的佼佼者。

麥克阿瑟獎是美國頂尖的發明獎，如果在台灣，我們多半認定，麥克阿瑟獎得主從小科學成績就很好，但是，心理學家路特．柏恩斯坦（Root Bernstein）研究歷年得主，發現有四十%從小就沉浸在自己發明的想像世界裡。心理學家說，能夠自己創造想像世界的小孩，將來也會擁有實際發明的能力。

心理學給想像力一個專有名詞叫「異想世界」（paracosms），像張媽媽的兒子剛好九歲，正是異想世界最普遍的年齡，到了青春期後會逐漸消失，由現實問題感所取代。因此，如果你的孩子正好九、十歲左右，請好好鼓勵、珍惜孩子的異想世界，有時候，不要過度的用現實感去責難、質疑孩子的異想世界。

然而，當爸媽想要用「異想世界」鼓勵孩子的想像力時，請注意：異想世界和純粹的幻想、假裝是不一樣的。家裡有個愛幻想的孩子，不見得就具有想像力。擁有異想世界的孩子還是可以清楚分辨想像和真實的差別，應該說，他們是用異想世界裡的模擬規則來預演、尋找問題的解決能力。

由於電影、書籍和媒體動不動就濫用「異想世界」，這個名詞早就脫離原本的定義，好像專指搞怪、kuso的怪咖，所以，父母、老師一看到孩子搞怪總會皺眉頭

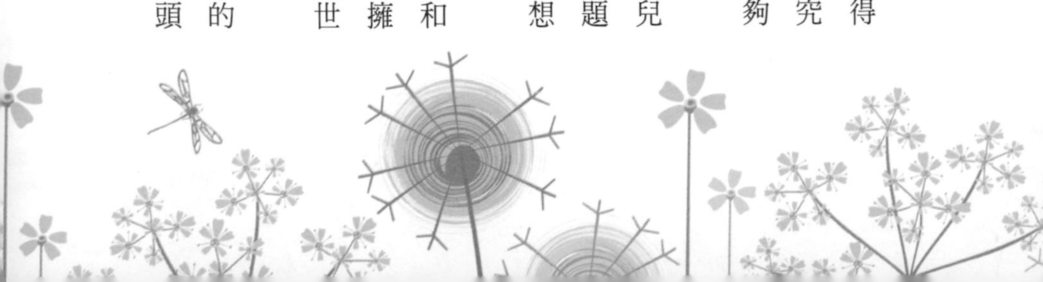

嫌麻煩。讓我們回到教養的定義裡來吧，請爸媽一起和孩子創造一個異想世界，把孩子的想像力帶上來。

14 給孩子的想像要夠大，夢想要夠遠

四十出頭的慧娟算早婚，兒子已升上高中，成天沉迷在網路遊戲，距離成癮實在已不遠。慧娟擔心兒子的運動量不足，到後來會搞壞身體。

「明晃晃的跟兒子說，關掉電腦出去運動，曬曬太陽身體的含氧量才會夠，他連抓滑鼠的姿勢都沒有改變一下下，非常明顯的只是敷衍一下說：『知道了，老媽。』接著請妳讓開點，別擋住他打電腦的視線。」慧娟說：「天底下青春期的孩子，十個有八個是如此反應的吧。我甚至懷疑他們有一本《如何對付嘮叨老媽》密笈。」媽媽當然知道，她是為了孩子好，等到活到她這個年紀，才知道保持運動習慣，維持體力和體格是非常重要的。

慧娟的兒子上國中時，一度展現出打籃球的興趣，還為了打籃球傷到腳腱。那時慧娟還常怪兒子，怎麼打個籃球就時常要掛傷號，只打球卻不讀書。幾年後，慧娟對兒子的掛心卻換了反方向，兒子彷彿變成了另一個人。雖然，我們在外面旁觀

這對母子的關係，慧娟總是找得到抱怨兒子的話題，兒子的沉默與反應也似曾相識，這卻不是親子溝通的範例。

這個關係裡缺乏的，不是親子間溝通的量不足或沒有誠意，而在缺乏一種「視覺型的想像」。

媽媽無法理解兒子的挫折

慧娟媽媽活到四十來歲，其實沒有摸過幾次籃球，讀大學的體育課，她選的是適合女生的排球和羽毛球。對於男孩在籃球場上所可能遭遇的，關於意志力、戰鬥力和挫折，她無法做「視覺的想像」。所以，慧娟的兒子傷到腳腱，逐漸退出他喜愛的籃球運動，就不是慧娟媽媽的成長經驗可以理解的。

兒子的挫折埋在胸口，如青春期的一把火花受潮後再也無法綻放夜空，慧娟媽媽卻輕易的帶過這個兒子重要的成長契機。她覺得打籃球就是把球丟進籃框吧，看看，蔚為流行的投籃球機造成多少媽媽對籃球運動的誤解。

順應我的要求，慧娟媽媽努力回想在她與兒子的談話間，是否有過任何與籃球

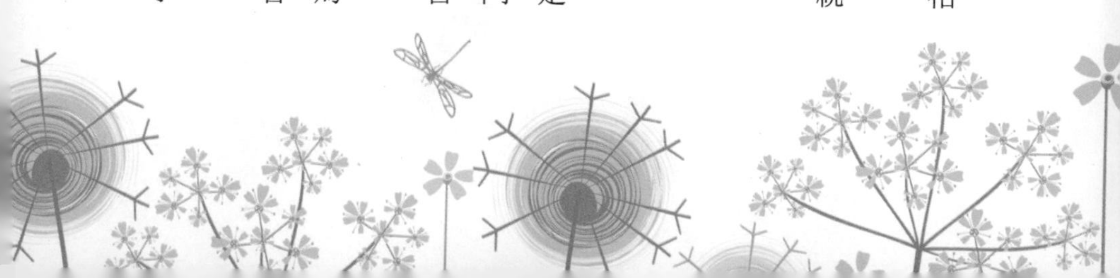

有關的蛛絲馬跡。「有一次，在奧運轉播時，兒子淡淡的跟我說，他這輩子再怎麼認真，也達不到奧運選手的標準。那時我回答，打籃球是為了運動，只要有達到運動的效果就好了，我又沒有要求他去當奧運籃球選手。」我請慧娟回想並給兒子聽見這句話時的反應下個註解，她說：「是有點失望吧。」

有一個可能是，屬於兒子對「籃球運動」的「視覺型想像」，就是看見他打起籃球身手如喬丹或羅德曼，有一天也可以上奧運球場馳騁。但想像與他的現實條件卻兜不起來，而每個男孩在成長階段都一定會出現的「視覺型想像」，不一定能與媽媽，甚至是爸爸談自己的心理圖像。那個想像會漸漸失去光澤，卻不會完全消失，變成每個人的少年後落蓋塵埃的舊夢。

想像奧運選手，想像成功的滋味

慧娟媽媽和許多天底下的媽媽一樣，總以為兒女長大一點後，那個夢想會自動消失，「知道自己長得不如金城武，投球沒有王建民快，身手也不如成龍靈活，正是成長的開端。」然而，心理學家如在加州大學洛杉磯教書的喬洛特．雷尼克（

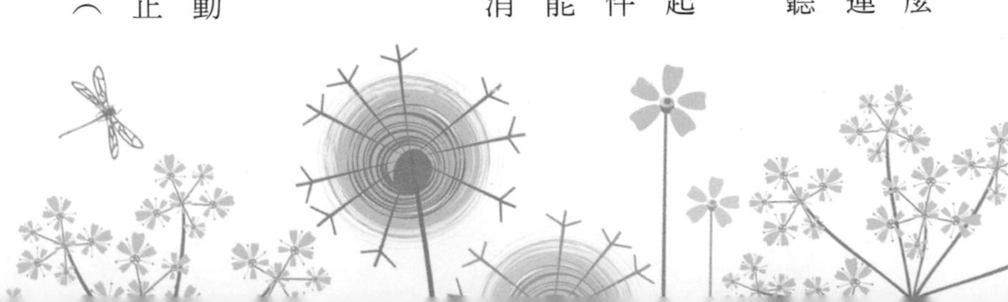

Charlotte Reznick）卻反其道主張，要鼓勵孩子喜愛運動，培養運動習慣，讓他們具體的想像奧運選手，學習奧運選手處理壓力挫折、同時奉獻運動的精神。

有些孩子不喜歡運動，其實是出自過去與此項運動的挫折經驗，擔慮自己的表現不好，而所有的運動——即使是關起門來自己做，都有點「身體表演」的性質，也總是會有些挫折感。因此，慧娟媽媽要兒子再度回去運動，應帶領孩子學會放輕鬆，消除以往的恐懼，正向而樂觀的重新對待這項運動。

帶領孩子，從視覺裡想像奧運選手，想像選手參加比賽時的每項細節，或許不愛運動的妳，也沒有這樣試過吧。如果你們選的是棒球，請讓兒子想像他站上壘包，揮棒成功擊出安打。如果要讓妳的宅女喜愛上溜冰，請讓她想像成功三迴身的優美身段。「這時，妳聽見什麼聲音？嘴巴裡有什麼感覺？溜冰場裡其他人在做些什麼？」帶領兒女所做的這個想像練習，可能比一再嘮叨，更讓他們覺得受用。最少，幫助孩子感覺，有朝一日，他能和奧運選手一樣的成功。

想像要夠大，夢要做得夠遠，才是成功的秘密。

15 給孩子的開心農場

我前去參加原鄉踏查紀錄片頒獎典禮，擔任頒獎人。我頒的是國中組佳作，最後一排得獎人站著一個大男生，我記得他的作品叫《開心農場》，趨前拍了下大男生的肩膀：「爸爸怎麼沒來？」

大男生的作品，紀錄孩子和爸爸一起在田裡忙碌、收成的過程，父子間沒有太多的問候和言語，最後孩子幫忙爸爸把果菜裝箱，搬上小貨卡，爸爸把車開走。農事的忙碌應該是這家人習以為常的，但是，爸爸的辛勤和對工作的付出，兒子全看得見，他才想到用攝影機錄下來，當作參賽題材。

都市的孩子，大概沒有太多機會見到爸爸工作的模樣，晚上回家，爸爸那天的精力其實也耗得差不多了。有個爸爸就承認，「我在辦公室過得怎麼樣，回家五分鐘後，孩子們大概全都知道了。」另有一位開小公司的爸爸，每天早晨送孩子上學，自己就順道進公司，每天都是他最早到。然而，孩子一樣不知道爸爸在做些什

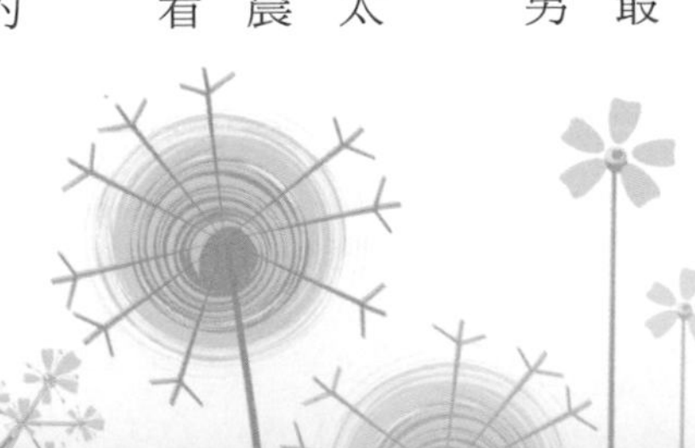

麼。

我們常說，現在的年輕人缺乏對職業的了解和工作模範，其實是爸爸的工作世界與孩子生活長期割裂的結果。那個大男生也許覺得，和爸爸在田裡工作，收入不算豐渥，說不定長大後他也不會再回去種田。然而，這樣的少年時光卻是幸福的，爸爸沒有離開孩子的視線，在孩子最需要爸爸的成長歲月裡，爸爸也和他在一起。如果這些孩子知道，一九八三年英國的研究發現，剛當上爸爸的男人的工作量，是沒有孩子的男人的四倍，因為，新手爸爸體會到孩子出生後養家餬口的重責大任。那麼，他們應會懂得，更珍惜與爸爸相處的時刻。

樂活風潮下，都市休閒農業和在家工作變成爸爸的新選擇。三十九歲的顏爸爸有三個小孩，他說：「自從我在家工作後，孩子也高興他們能幫得上忙。爸爸在家，既能知道孩子的發展，也能夠參與他們的成長。孩子放學回家，而媽媽還未下班回來，那段時間，就由我來當家。」

我小時住在台南，雖然外婆家有田，我卻沒有和爸爸從事農作的寶貴回憶，對爸爸的工作，我始終一知半解。遇到沉默寡言型的父親，這層隔閡大概就更遠了。所以，那天雖然身為頒獎人，我其實有些羨慕拍了《開心農場》的那個大男生。

16 給孩子發現理論的空間

幾個已當爸爸的老同學聚會，話題聊到小時候，蘇說：「我小時候常有個印象，幾次挨打，都是爸爸打的。」

真的有這種印象，葉也說：「從小爸爸很少跟我講話，其實父子關係還算好。但是，媽媽覺得要教訓我時，就會找爸爸出面，媽媽卻從不直接懲罰我。」

對我們這群「內心小孩」來說，爸爸好像搖身變為懲罰機器，只要媽媽來按下神奇鈕，就得執行待罰任務？

筆名bell hooks的美國黑人女作家有過相同的記憶：「當我年幼時，向母親解釋我為什麼覺得很少跟我談話的父親不夠資格教訓我、用皮鞭懲罰我時，她認為我瘋了，並且需要更多的處罰。」心思敏銳的bell hooks用對父母教養方式的質疑，換來更多的皮肉痛。

家庭裡的教養圖譜，常不自覺的這樣分工：媽媽是溫暖的（儘管一點也不

像），爸爸是施行懲罰和控制慾高的，類似「皮鞭」和「紅蘿蔔」、「白臉」和「黑臉」落在父母親身上，幾乎是台灣人的共同經驗。我們從小在家裡接受這樣的社會化訓練，將來更容易接受，這個擁有好人和壞人、白臉和黑臉的世態社會。

聚會中我好奇發問：「難道沒有誰的記憶裡，父母親都屬於溫暖型的嗎？」幾個「爸爸」認真回想，坦白的說沒有。「有可能是，」蘇補充說，「爸爸對我一向和善，但那幾次懲罰，卻誇張了他留下的印象。」

葉說，有一次他在房間裡，聽見下班回家的太太跟孩子講話，小男孩不聽，太太衝口而出：「你不聽話，等下爸爸回家，我叫他教訓你。」葉說，他可從來不處罰孩子，想不到卻還是分配到「嚴爸爸」的角色。

如果，你覺得父母對小孩，還是得維持某種威權，免得孩子再也教不動了，就更傾向遵守這樣的分工。心理學家Baumind提到，控制和溫暖是威權型父母認為必須要有的社會化型態。愈是威權型的父親，愈會用侷限型控制手段教導孩子。

bell hooks試著解釋當她提出質疑時，父母的感覺：「一個惡魔般的小東西威脅著要破壞他們試圖建立的一切。難怪他們的反應是壓制、控制和懲罰。」遭到懲罰的記憶，形成童年的痛苦。

那天，我側聽到一位祖母跟她兒子說：「你別那麼好講話，孩子都爬到你頭上來了，以後，你怎麼管得動這個孩子。」我輕聲嘆息，許多父親都聽過同樣的建議。

英國文學評論家T. F. Eagleton說：「孩子是最好的理論家，因為他們尚未被教導要把我們日常社會實踐視為『理所當然』，因此堅持對那些實踐提出最令人難堪的基礎問題，以一種我們大人早已忘記的疑惑來凝視它們。既然他們尚未理解我們的社會實踐是無可避免的，他們也不知道為什麼我們可能用同樣的方式行事。」

讀過這句話，我知道你也有話要說，也覺得板起臉孔是「有理論的」。請寫下你自己的真實感想。願意的話，請與我們分享。

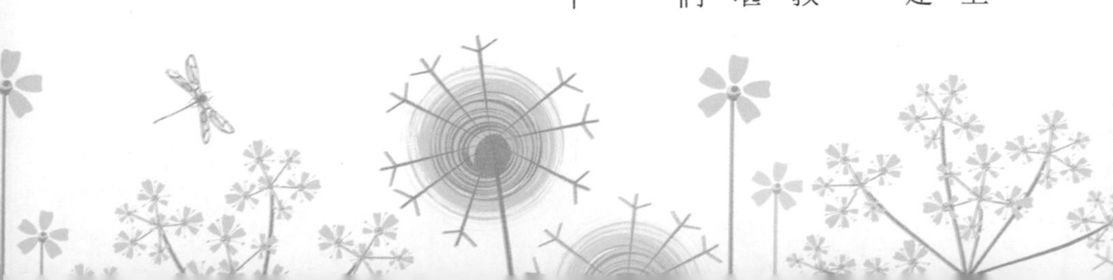

17 給孩子的想像添個無敵浩克

為了想和兩個青春期的兒子聊天有話題，暑假檔，父子一起去看「印第安納瓊斯第四集」，兒子卻嫌哈里遜福特老了，跑不動，還不如飛天遁地、帥氣滿分的「鋼鐵人」。武爸爸心想，這就是所謂「時代變遷，英雄老矣，尚能飯否」。

他看過「鋼鐵人」後也加入兒子們的「英雄聯誼會」，卻發現兒子談的是電影和漫畫的差異，兒子津津樂道的英雄們，有些他連聽也沒聽過，知識度遠遠不足。

其實，爸媽們仔細回想，成年後要再講述小時候的故事，有些細節可能已經模糊，所以多少會拿當時流行的英雄偶像，來給自己的故事「加油」。成長在七〇年代的父母，如果加一句：「我心目中的英雄是李小龍。」同年紀的人就能會心一笑。這一代接觸的英雄日新月異，汰換率極高，也擁有比李小龍厲害的招數，但基本上，「借用」的型態還是一樣的。

這種「借用」的本事，從童年早期就出現了。一九九二年，詹姆斯．戴（

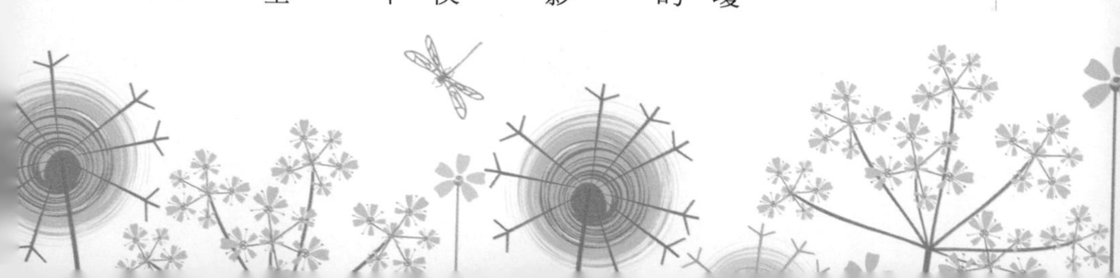

James Day）曾記錄和一位四歲小男孩的談話，當時另一名男童跑到街上追球，四歲小男孩不顧媽媽平常的教導，跟著跑到街上救了這男童的命。詹姆斯．戴問他為什麼敢這樣做，小男孩回說：「我想起無敵浩克，他也會救人。」

當小男孩這樣回答時，他模糊了自己的生活角色和漫畫英雄的界限；在那一刻，將自己當成無敵浩克的化身。媽媽平時告誡他不可跑到街上玩，是在規範他這個四歲小男孩，然而，當小男孩把自己投射進他很熟悉、卻仍屬虛幻的無敵浩克時，他以為自己的身體可以抵擋車輛。

借用故事英雄為自己的人生定位，這種現象常延續一生。心理學家瑪麗．葛根曾要一群大學生講述自己最喜愛的童年故事，再回想這些故事對他們自己的人生是否有過任何影響；多數人會說，現在生活有若干層面和兒時故事是可平行並列的。所以，很有可能，將來武爸爸的兩個兒子讀大學後，還會拿「鋼鐵人」來和自己的生命發展過程做比較、相提並論。

建議武爸爸如果有心加入兒子們的「英雄楷模過程」，勤做功課還是免不了。

18 給孩子最天才的基因

聽說超級籃球明星姚明是刻意「製造」出來的。他的爸媽都是中國頂級的運動員，經過國家安排結婚，才生出人高馬大，運動神經發達的姚明。這項傳聞已久，姚明本人還曾跳出來駁斥。

姚明的籃球技術，或許來自後天，然而，他的身高絕對得自基因遺傳。因此還是有許多父母相信，要讓孩子將來成為運動明星，應該從孩子尚未「製造」前的基因就開始努力。

萬一孩子出生，基因已經確定，還來得及嗎？望著姚明的高大身影，許多中國父母熱切想讓孩子加入「姚明們俱樂部」。日前，「重慶兒童宮」展開一項新計畫，父母可將孩子送去參加為期五天的營隊，專門檢驗他們的DNA具有什麼特殊運動才能。

別一味認為共產國家才會幹這檔子事，在資本主義社會，父母一樣心急，一樣

在打基因工程的如意算盤。基因科學愈發達，檢驗的項目會愈精細，最近就有心理學家擔心，說不定以後孩子一出世，就要接受各項基因檢測，然後就此決定他們的發展方向和才能。美國科羅拉多州就有人創辦了「Atlas Sports Genetics」公司，父母只要花費一百四十九美元，該公司宣稱即可預知幼兒將來會擅長哪種運動。

有名兒子才兩歲半的爸爸跟《紐約時報》的記者說：「有些父母會批評，這類檢測結果將會限縮孩子的運動和活動經驗，但我仍認為，給孩子配對到正確的活動是好的，也可降低以後父母的挫折感。」

「Atlas」這個英文是「地圖」的意思，而基因檢測其實就是心急的父母要送給孩子的人生地圖吧！他們似乎愈來愈覺得，孩子小時候的摸索、探索和嘗試，從中產生的樂趣和挫折都是無關宏旨的，趁早得知孩子的才能，可省掉走冤枉路。然而，希臘神話裡，Atlas也是那個受眾神懲罰，雙肩揹起大的神，這有意思了。

如果基因預知孩子的發展和才能百分百可行，這世界有八十%的人根本不會生下來，或根本過不了優生學那一關。那時候的世界，每個人都是姚明或愛因斯坦，其實才真古怪。

然而，父母要有點心理準備，依據基因科學的發展進度，宣稱可預知孩子情

緒、智力和各種傾向的基因檢測已指日可待，甚至從懷孕前改造孩子基因的技術也有可能成真。那時，生命所能帶來的驚奇，可能也悄悄的流失了。

19 當父子出發尋夢

二十世紀經歷過幾次經濟蕭條，世人印象深刻的，當屬三〇年代橫掃美、歐的大崩盤。許多童年正逢經濟蕭條，後來成為社會棟樑的人都說，經濟不景氣使他們早熟、外向，也較有責任感。

兒子和爸爸的關係，也是蕭條年代的重要課題。原本爸爸應該有份工作，兒子透過爸爸的工作瞭解職業世界，所以常常能傳承爸爸的興趣和志業。但是，經濟不景氣時，爸爸可能丟掉工作，不再能養家糊口，兒子也因此失去了工作的楷模。於是，演變為爸爸要找工作、找回兒子對他的尊重感，兒子則也在從爸爸身上找回一種東西。

那種東西到底是什麼？我想了很久，覺得應該是父子共同建立、擁有的成就感。隨著爸爸失去工作，父子原本擁有的成就感也可能隨著遺落。沒有身歷其境的人可能無法想像，爸爸有沒有工作，會有這麼重大的影響。

當過義大利心理分析學會會長的魯伊基．肇嘉如此形容：「父親之所以為父親，是因為他有一份收入，還是因為有孩子？他知道成功是他被評判的基礎，既作為一個工作者，又作為一個父親。」

在法國電影《市郊36音樂廳》（FAUBOURG 36）裡，我們就親身見證大蕭條的一九三六年，一個法國爸爸的追尋，以及兒子對親情、對父親的認同、和對自己未來職業生涯的追尋。

這部電影談了很多東西，最感人的一段情節是：爸爸丟了工作後，瞞著兒子去商店賒帳買食物，從不讓人欠錢的老闆願意給他賒帳。有一次，爸爸好奇的問起原因，老闆說：「因為我信得過你。」

其實，老闆才沒這麼好心，是兒子在街頭演奏手風琴乞討賺錢，再拿錢還老闆，還跟老闆說不要告訴爸爸。後來，爸爸知道了，跑去向教兒子手風琴的老音樂家興師問罪，老音樂家說：「他想賺錢，和你一起去海邊渡假。」

失去工作，失去生活的尊嚴，連兒子都可能被從身邊帶走時，這位單親爸爸常和兒子編織將來有了錢，要去海邊渡假的夢想。源自爸爸的夢想，後來也成為兒子的夢想。

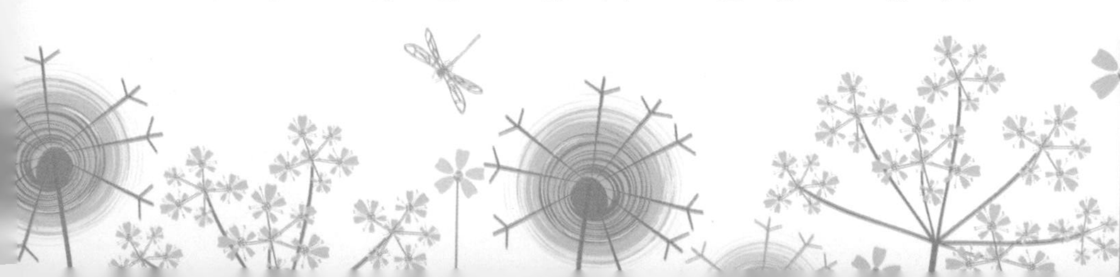

在尋常太平歲月裡，爸爸的工作成就會激勵兒子奮發向上，然而，經濟蕭條時，兒子的心意也會反過來激勵爸爸。父子關係，原來是可以相互激勵的，希臘哲人赫拉克利特說過：「父親，在成為父親時，也成為了自己的兒子。」而懂事的兒子，也成為了父親的父親。

這陣子，如果你的爸爸曾為工作煩惱，或者也曾丟掉工作，請體貼地看看他勞累的肩膀和不輕易訴苦的身影。想想看，你瞭解爸爸的心事嗎？你們，有沒有將來要一起去尋找的夢想？

20 當父子過情人節

情人節這天，我和兒子身陷其中，無處可逃。

這天也是兒子上生活技能班結束的日子，我原想趁著天黑前，給兒子安排一個餘興節日。首先想到到淡水碼頭坐渡輪，坐捷運時我就開始覺得奇怪，怎麼整個車廂全是情侶，到了渡船頭，放眼看去，不是假日竟然排著長長的隊伍，可能今天全台北的情侶全蹺班跑來淡水玩？我跟兒子說，算了，別坐渡輪了。

去北投洗溫泉，也不錯嘛。新北投公園旁有家旅館，是我和兒子的秘密基地，花幾百塊開個房間洗三個小時，一身都是硫磺味兒再回家，家裡的水錢就省起來了。

認識我們的櫃檯小姐打過招呼，卻說：「今天只剩下一仟元一間的，但是附有按摩椅。」她明明講按摩椅，我心裡直覺想到的畫面卻是八腳椅，還奇怪我們父子要八腳椅做什麼，那不是……好了，為了不讓熱愛洗溫泉的兒子失望，我決定接受

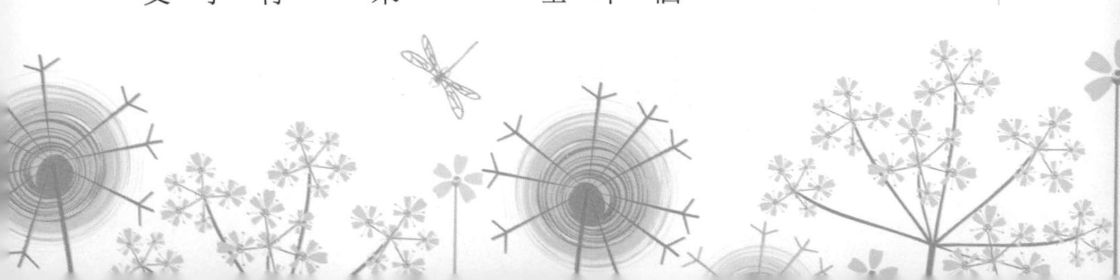

這間有按摩椅的房間，櫃檯小姐這時露出抱歉的神情：「好，今天只有一個小時喔。」「不是三個小時嗎？」「今天是情人節耶。」我補上一句：「情人節干我們父子什麼事，我們又不過情人節。」話是這樣說，櫃檯小姐卻沒有打折的打算。

對我這一代來說，情人節是極近期才炒作起來的節日，等輪到我兒子的這一代，他們更從小就活在這樣的文化裡，情人節、聖誕節、復活節、感恩節、父親節、母親節等等更是視為天經地義，到了節日這一天，除了接受到處都在漲價、海削的消費方式外，我擔心孩子們將來已不知道該如何好好的過節日，也不知如何反省有沒有過此節日的必要。

美國有個電視節目《Merchants of Cool》其實談過這個問題，我看過有一集主持人訪問某大行銷公司主管就說，文化的商業入侵要從青少年就開始，這一代青少年，也是有史以來市場最相準的族群。我還記得那個行銷主管說：「當年輕人長大後，把情人節當作必過的節日，也就是我們的市場行銷全面成功的時候了。」喔，照我這個走到哪裡都難逃情人節氣氛的爸爸看來，他們真是大大的成功了。

晚上，預知情人節大餐必定是一片漲價之風，我跟兒子到義美買了個白巧克力蛋糕，準備媽媽下班回來一起切蛋糕，聊慰過節的氣氛。

21 當爸爸在家坐陣

爸爸對孩子的成長有重要角色，當我們這樣說時，指的是對孩子的智性、理性、道德和性向發展方面，較不會認為爸爸角色對孩子感情的影響能和媽媽等量齊觀。

學界現在當然相信，父親的缺席會對孩子造成負面影響，然而，父親在場的影響，卻較少成為身心科學界研究的課題。父親的正面角色，曾經遭到忽視，好像是全世界皆然的現象。

譬如，瑞典Uppsala大學的生理學家安娜．莎卡迪做博士後研究時，指導教授要她根據媽媽填問卷的反應進行一項兒童研究，莎卡迪建議，也可以把問卷拿給爸爸填寫，得到爸爸的回應資料。

想不到指導教授卻問：「為什麼？爸爸也一樣重要嗎？」

這個問題觸動莎卡迪回顧「爸爸研究」的文獻，想找到爸爸對孩子有和媽媽一

樣貢獻的證明，結果，她沒有找到任何一篇回顧文獻的研究。其實，後來莎卡迪自己著手回顧了二十四篇研究，發現當爸爸積極投入孩子生活時，男孩的行為問題和女孩的心理問題都會降低，而且不管是男孩女孩，認知發展也會因而提升增色。

莎卡迪發現，僅僅是爸爸在家，沒有特別做什麼，就能降低孩子的攻擊行為，但想要降低行為和心理問題，增進認知發展，爸爸仍需主動、積極的參與孩子的日常活動。

「爸爸的參與」（Father engagement）擁有各種不同的含意，同樣的，也不是孩子行為或心理問題的萬靈丹，只能這樣說，當身心醫師、助人行業想了解孩子的問題時，也得尋求爸爸的意見。

建議家裡父母針對孩子不同的行為類型做分工，常有媽媽為處理男孩的攻擊行為而感到心力交瘁，這時她所需要的，也許是「父親權威」的參與。爸爸也不要一味的以為，只要是孩子的問題，就一定屬於媽媽的範圍，記住，這個世界由男女兩性共同構成，孩子的問題類型也是。

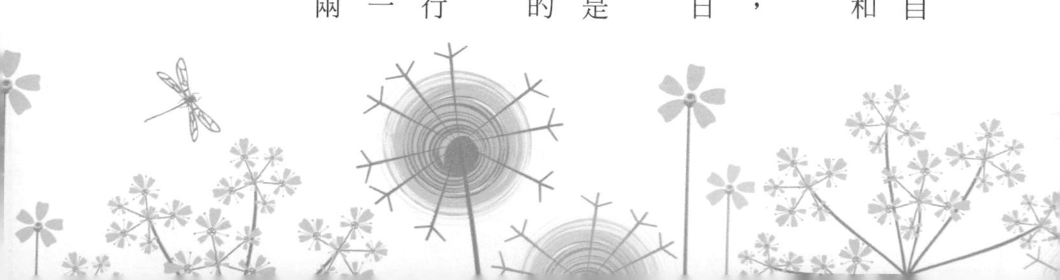

22 當父親放下盔甲

男生和爸爸的關係，通常都會如此難搞定嗎？

范媽媽觀察二十幾歲的兒子從小和爸爸間，親情、競爭又有些相互提攜的複雜關係，常說她搞不懂男人，老的小的都一樣。兒子念大學和爸爸同樣的科系，很難說沒有受到爸爸從小栽培他的影響，但當爸爸要提供自己的求學經驗時，兒子卻又不聽，說老爸的經驗對他沒有幫助。

范媽媽熱眼旁觀許久，有時候她和爸爸同一個鼻孔出氣，有時候卻是親情戰勝，明顯站在兒子這一國。後來，范媽媽為家裡的父子關係下了這樣的結論，說這個就叫「伊底帕斯情結」，兒子和爸爸一直處於「弒父戀母」的緊張關係中。范媽媽還問，如果將來兒子年紀再大些，會不會真的「殺爸爸」。我的意見是，說真的，未來難以預料，但現在先不要想那麼多，也不要以為佛洛伊德講的就是真理。

像范媽媽這樣會看報紙家庭版的讀者，應該受過高等教育，說不定在學校上過

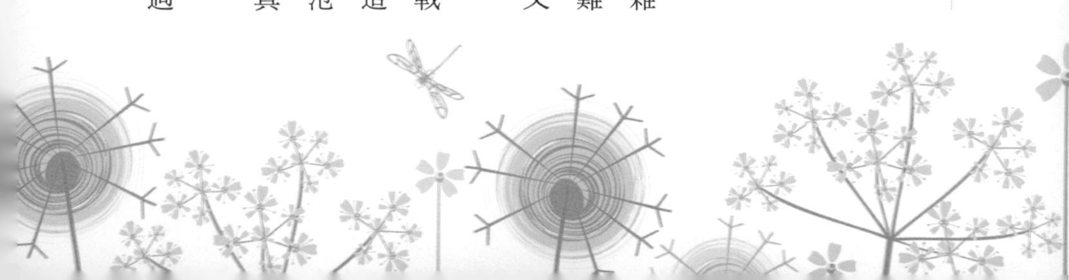

心理學，平常喜愛讀書，聽演講，對佛洛伊德、心理學理論和精神分析的術語應該耳熟能詳，也知道佛洛伊德拿了一個希臘神話來講父子關係。但是，我們從日常生活的父子關係體會到，難道父子，或說大男人和小男人間，就一定要搞得那麼緊張嗎？

我說，會不會有一種可能，因為大家或多或少都聽過「伊底帕斯情結」，如佛洛伊德所說小男孩會有「弒父戀母」心態，反而讓天底下的父子關係一開始就有點緊張和對立，社會心理學裡面，這個就叫做「自我驗現的預言」。

也因為有佛洛伊德的魔咒存在，我看過有位心理學家魯伊基．肇嘉將現代父親形容為「盔甲下的父親」，要先防護好自己，「代與代之間的不信任與衝突現在已成為眾所周知的事情，正是現代的父親，不再允許自己在沒有重重盔甲的遮蓋之下，而被人看到。」寫得相當傳神，難怪現代的兒子從小就要在爸爸面前「戴上盔甲」，本來不容易表達情感的爸爸，也用殺氣騰騰的對立與兒子相處。

那麼，希臘神話裡有沒有更剛柔並備的父親形象呢？事實上，希臘人進攻特洛伊城時，守城的赫克特就屢受讚許，認為足以取代伊底帕斯，成為現代父親的神話典範。

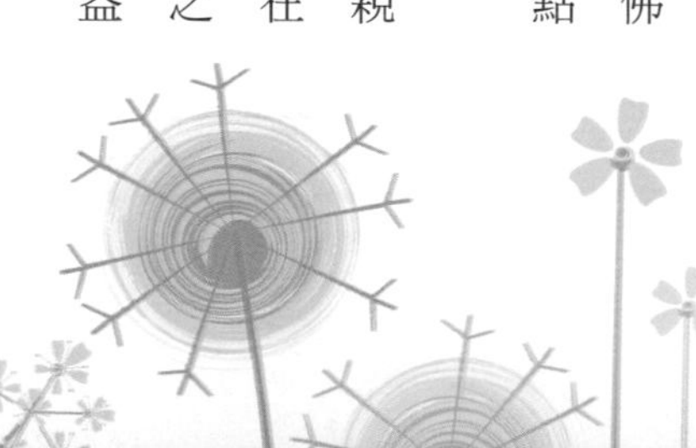

當然，如果你跟赫克特有點不熟，請讀一下荷馬的《伊利亞德》，或是找《特洛伊》的光碟重新看一次。在大軍臨城的塔樓上，赫克特舉起兒子過頭頂，念了一段祈禱文：「宙斯還有諸神，請讓我的孩子變得強壯。有一天，能看到他從戰場歸來，你們當中有一個會說：『他遠比他的父親強大。』」父親們，把這段祈禱文抄起來，看著孩子，你們無須對抗、競爭，但願兒子將來會比你們強大。

23 當媽媽的步調跟上孩子

媽媽最近觀察到，跟兒子講話，兒子開始顯得不耐煩，有時還抱怨：「媽，妳講得好慢。」

媽媽回想，從兒子小時起，她的講話節奏並沒有改變啊，反而是兒子讀了小學後，講話速度愈來愈快，也明顯比以前缺乏耐心，兒子問媽媽問題，也常等不及媽媽略作思索，就要知道答案。

媽媽在親師會上反映這個想法，老師不假思索說，不會啊，她教了多年書，在教室裡的講話速度一向維持這樣。

其實，家中氣氛若較放鬆，親子間講話速度會較慢，來到教室，老師要對應三十幾個學生，往往要孩子快點回答。如果孩子還維持家裡帶來的講話速度，老師常就以為是學生沒有學會，所以要更加緊課業，練到讓學生有立即問答的本領。隨著孩子受到此種氣氛的影響，家和教室間彷彿變成一種競賽。

心理學家早就注意到這個問題。不過，在多種族大熔爐的美國，發現的卻是家裡講話速度快，到了學校被當成問題兒童。二十世紀七〇年代楊（Young）等人發現，非裔的媽媽鼓勵兒子要能果斷，親子講話節奏快速。每當媽媽召喚、指示、要孩子回答時，感覺就像辯論鬥嘴。

進到學校，家和教室的對話步調一旦出現落差，這些孩子往往會出現調適問題。或者，更糟糕的，被老師貼上「問題兒童」標籤。

在老師眼裡，某些變得「退縮」、「極少參與」的學生，說不定，只是不習慣老師的講話速度和節奏。

對了，這位媽媽還發現，除了講話速度外，兒子也開始嫌她動作不夠快。那天她牽腳踏車要載放學的兒子去學鋼琴，等在公寓門外的兒子露出苦笑：「妳很慢呢。」

媽媽說，她也不知道該怎樣才算對，加快速度還是保持原來的節奏？

非洲人講話速度超快，歐洲話速度也快，相較下，台灣人的節奏算是比較慢，但通常教室的節奏會快一些，有結構些，因此，總還是有些孩子無法適應，從就學起即一路落後。他們變得不愛發言，卻不一定像許多教育學家說的，是學生沒有學

習到。

原則上，人數不要過多，像一小群同齡兒童，伴隨一個鼓勵、參與而非指導型的成人，許多原來較沉默的孩子會變得愛發言。

24 當爸爸放下防衛

問一個問題：你爸爸是做什麼的？

答案顯然很簡單，而且只有一個，爸爸是公務員、老師或商人，你應該知道答案。

再問一個問題：爸爸曾為你做過什麼？你簡直可以列出一個「爸爸清單」來，考試考壞時陪著你，給你打氣的爸爸；生日時跑遍城市為你買蛋糕的爸爸，承諾要「永遠照顧你」；晚上趁你睡覺來看你，給你蓋被的爸爸。

還有一個問題，可能要想一下，也可能你根本不知道如何回答：你為爸爸做過什麼？

每個人都只有一個爸爸，生下來就注定好的，然而，觀看別人的爸爸的故事，是會有情緒渲染力的，我們常不知不覺聯想起自己的爸爸，以及爸爸和我們之間的故事。像張作驥導演的電影《爸，你好嗎》裡，就有十種形形色色的爸爸，從年輕

的到年邁的，你必定能從其中一段，或只是一句對話，一個身影或一個眼神，尋找到自己與爸爸的關係。

每個爸爸其實真的都是一部電影，但孩子就像遲到的觀眾，努力想知道爸爸的前半段劇情。心理學家說，我們都會有追尋爸爸故事的心理動力，用爸爸的故事來定義自己的人生和角色，所以爸爸前半生的故事，就像一份送給孩子的看不見的禮物，深深的影響著孩子的生命。在張作驥的電影裡，我們其實常看見這份禮物的影子，也看見爸爸的過去如何的影響著孩子的將來。

童年時，爸爸的身影顯得那麼巨大，我們努力不懈的讀書、考試、追求成就，常常就是為了得到爸爸的讚揚。所以，曾有心理學家調查成年兒女對爸爸的抱怨，小時候想得到爸爸讚美，爸爸卻保持沉默是許多人共同的經驗。兒子抱怨爸爸的沉默、木訥和不懂得溝通，但等到這個兒子自己變成爸爸，卻還是照常沒有學會溝通。電影裡有一段爸爸帶兒子回去看祖父，但卻要透過孫子的問話，祖、父、孫三代才能維持溝通，經過這麼多年後，長大的兒子還是不知道如何和爸爸講話，反而只有孫子才會問爺爺「你有沒有女朋友」這樣的問題。

電影裡還有一段，長大後的兒子變成了爸爸，卻還是不知道怎樣當爸爸，因為

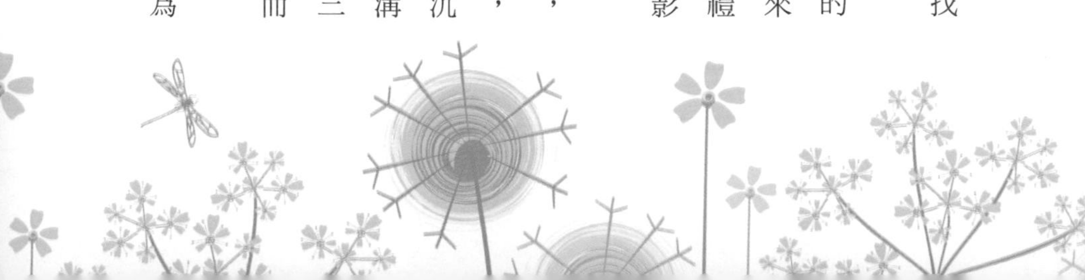

正如心理學家湯瑪斯．哈利斯說的，我們在三歲時心裡會覺得「爸爸真好，但我不好」，因為我什麼都不會，而爸爸卻什麼都會。如果這個兒子的爸爸沒有教他，怎樣學習變成大人，長大後，「別人好，我不好」的自卑感還是會繼續存在，電影裡，有個爸爸老實的跟兒子說：「我不知道怎樣照顧你。」反倒要兒子安慰他：「你照顧得很好。」

看著自己的爸爸，以後你可能會體會到，父子間最重要的那個東西，其實叫做「關係的品質」。然而，無論跟爸爸的關係是親密，或是講不上幾句話，將來總是可能會留下遺憾和抱怨，這時，請你體諒你的爸爸，他其實也在學習，小時候，他也是他爸爸那部電影遲到的觀眾，何妨輕輕問候一聲：「爸，你好嗎」，爸爸是好爸爸，孩子也是好孩子。

25 當男人變成好爸爸

擁有心理師證照的明哲在網路上經營了一個男人的互助社群，當作他從事男人研究的實踐。只要是男性有任何問題疑難，就可上網尋求其他男性網友和心理師的意見。

這類網站，應該不少吧，尤其針對女性所設的網路社群，數量恐怕要多上幾倍。明哲長期蒐集、接觸現代男人的心底世界後，歸納成現代男人最顯著、也最迫切的心結卻是，他們都一直在「尋找爸爸」。

這個「爸爸」不僅是肉身而已，而是在現代家庭功能裡漸漸失去的，爸爸所應扮演的孩子人生指導角色。

明哲發現，許多單身男性上網來問怎樣追女生、怎樣與異性相處；有些男性不知如何處理人際關係，遇到家庭衝突只好上網匿名抒發鬱悶。明哲說，傳統家庭裡，教導孩子認識這些事情，其實是爸爸的責任。

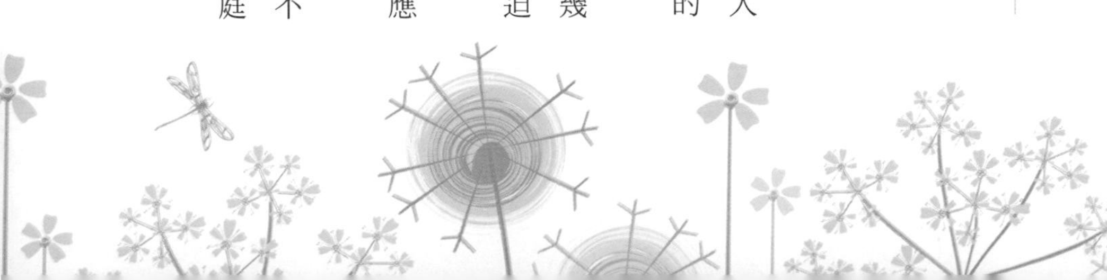

明哲試著引導擁有各種各樣煩惱的男人談論爸爸，發現有些自己就是爸爸的男人，極輕易的指出他們的爸爸是「缺席」的、「忽視小孩需要」的、「會虐待孩子」的；有些成年人在爸爸去世多年後，仍怪罪爸爸沒有扮好角色，讓他們長大後仍不知如何當一個爸爸。

家庭學者其實也注意到了父親角色的缺席，對現代男人所造成的影響，然而，面對爸爸與孩子相處的時間與記憶愈來愈少的現象，也感到無可奈何。有位心理學家說：「這種轉變的步伐愈來愈快，從西方延伸到了全世界。父親給孩子們的錢愈來愈多，但是陪伴他們的時間卻愈來愈少。」

一九九四年，心理學家H. Abramovitch調查發現，美國的爸爸平均每天和孩子在一起的時間為七分鐘。兩年前台灣有項調查顯示，台灣孩子與父母每天相處超過四小時，但沒有針對爸爸的時間提出報告。

對兒子來說，「爸爸體驗不足」會讓他們將來不知道怎樣當一個爸爸，甚至不知道怎樣當一個成年人。明哲總結網路社群蒐集來的男人問題說，無論這些男人是單身、已婚、二十來歲或已步入中年，他們仍時常問出「青少年階段的問題」，同時這也顯示，現代社會生活裡，尋找爸爸的任務始終沒有結束。

我試著以《哈姆雷特》裡的一段台詞，回應明哲的心得：「可是你要知道，你的父親也曾失去過一個父親；那失去的父親自己也失去過父親……」

網路社會當然還有項好處：除了自己的父親外，我們還可從其他「父親形象」裡，尋找、認同、獲得「爸爸缺席」的補償。

曾有針對童年與青少年認同的研究發現，爸爸的形象有堅毅、會鼓勵人、事業成功等特質，因此，如果自己的爸爸並不擁有這樣的特質，他們會轉而認同生命中有類似特質的人物。

請想想看自己的追尋，同時如果你已是個爸爸，卻常苦於不知怎樣做爸爸，你可以試著回答這個問題：「如果我覺得當年我的爸爸沒有成功的扮好角色，他缺少了什麼？」補足缺憾，終結哈姆雷特的宿命吧。

26 當父母變成No.1

學校發下一張調查表，要我們填寫，對自己扮演「父母角色」的評量，分成「非常稱職」、「有些稱職」、「普通稱職」和「不太稱職」、「非常不稱職」等幾項。

由於這張調查表要繳回學校，老師肯定知道是誰填寫的，我想再怎麼滿意於自己表現的父母，應該會填「有些稱職」或以下吧。

調查表還有下文，第二題是：「如果你覺得不是完全稱職的父母，你願意來上課嗎？」底下就列出「自我成長」、「親子溝通」、「表達訓練」等課程，任君選擇。

這讓我想起，當初見到「父母效能訓練」的好奇感。怎麼才算是有效能的父母呢？是不是得非常有效率的，父母講一個口令，兒子就要立刻做到才算？

如果確定是這個標準，我應該稱為標準的「無效能父母」。家裡，我兒子只要

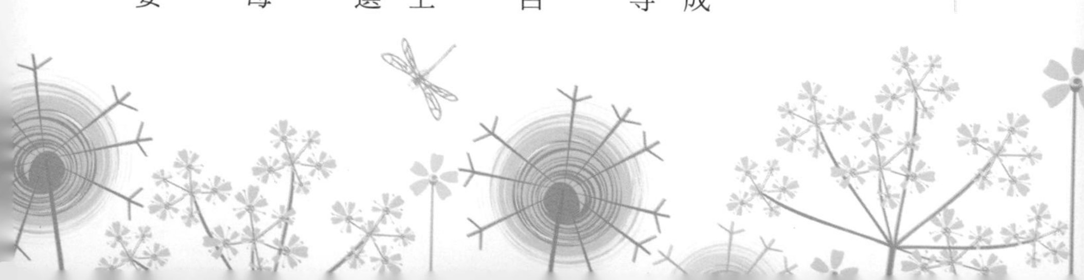

看到、摸到能攪起泡泡的洗髮精、洗衣粉，立刻倒進水桶翻攪大片泡沫，任我怎麼兇他，他也玩得不改其樂。專家說，這屬於自閉兒的固著行為。我的「無效能」表現在無法改變兒子的行為，而且，每次我總不信邪的將洗髮精放在顯眼位置，讓兒子以異常神速倒光，非常的有效能。

我們父子間的關係於焉形成：我負責藏洗髮精，兒子專門找洗髮精出來倒光。我們家詢問洗髮精的位置必須加上暗號密碼，免得兒子聽到得知確切位置。

其實，正常家庭裡，大概也是這樣「玩」著親職角色。「角色」規範父母應該這樣做，然後兒子應該那樣做，像爸爸的「角色」就是要告訴兒子專心讀書，不要去麥當勞打工。兒子的「角色」則要聽話，乖乖留在學校。如果兒子不聽老爸的話，老爸的「角色」就要失望、生氣，讓兒子的「角色」知道自己的不是。

就是這樣，許多「親職角色」是從「角色的缺陷」來規範父母和兒女應該做些什麼。在彼此眼裡，我們常看見的是對方的缺陷，因此，才會有人要求父母做「父母角色」的評量。但是，無論我們怎樣學習，想當好父母，卻總是有著不足和缺陷感。

現在比較反省性的說法，則是用「位置」來替代規範僵硬的「角色」。每個父

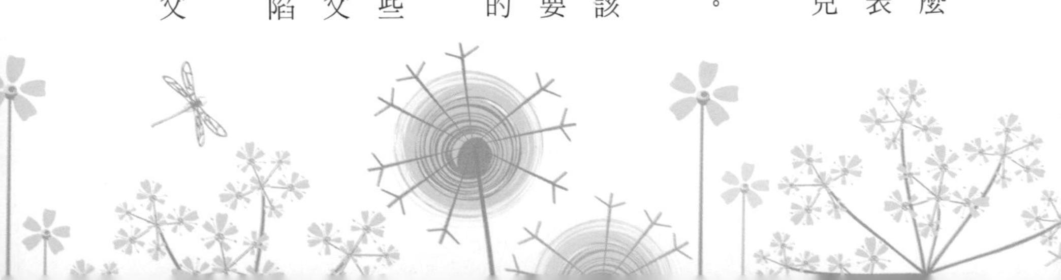

母的角色都相對應於兒女的存在，如果兒女不在場，我們也不必用「父母」那樣的口吻講話。

你看得出其間的差別嗎？父母不用整天戴著角色的面具到處跑，也不用整天想著自我評量的事。每名父母和子女的「位置」是自然發展出來的，都有各自的故事，換一個常用的說法，每個人因此都是「自我的來源」。

什麼是No.1的父母呢？就是自己跟自己比，察覺出進步的快樂。

27 報告老爸，女兒夜店打工去

看起來像大學生的女兒說：「爸爸，我想去打工，好不好？」

因為寒流來襲，這位爸爸戴頂毛線帽，長得有些像寇世勳，回答：「很好啊，趁年輕增廣見聞，多些閱歷經驗，大學生不能光是唸書。寶貝女兒，妳想上哪兒打工？」

女兒說：「我有同學在夜店上班，她想介紹我去。」

老爸眼睛為之一亮，答：「夜店，我很熟噢，哪裡的？」

女兒說：「詳細的我也不知道，說是在京華城。」

老爸答：「那裡有很多家，有……」馬上念出四五家，我心裡想，這位老爸果真是夜店的識途老馬。「寶貝女兒，妳要去當公主、服務生、調酒師還是DJ？」

女兒猶豫：「我也不知道，進去再看看。」

老爸答：「老爸有一個原則，妳要答應我，不要做到太晚。」

女兒說：「不會啦，我同學通常晚上兩點就下班了。」

老爸答：「好，需要的話，通知老爸來接妳。」

接著，這對父女沉默了好一會兒，我正猜想女兒要如何答腔時，只聽她說：「老爸，我真敬佩崇拜你，你的學識這麼豐富，問你什麼都懂。」

老爸輕描淡寫，功成不居：「對，平常就要增廣見聞，把握參訪機會，多聽多看。」

我把這段父女的對話，原原本本記錄下來。以前總有個印象，如果女兒膽敢公開提議要去夜店打工上班，爸爸多半會直覺持反對意見，說不定會罵女兒沒出息。但夜店打工的大學女生總不乏其人，她們也都是有爸爸的，我猜不是所有女兒都向爸爸報告過。這對父女這麼正經的談這件事，像事先寫好的劇本那般流暢。我也猜想，女兒從小時起，父女間大概無話不談。

在女兒的人生成長路上，有個可以商量的父親角色，其實可彌補「男人意見」之不足。站在爸爸的位置，女兒願意跟他講心內話，傾訴疑惑，或許也可竊喜一番。女兒常被塑造成「聽話」、「體貼」的角色，父母親年老後，通常也是由女兒

擔負照顧的責任。所以，通常總以為母女會比較親，現在看起來，倒不一定就是這樣。

我忍不住代替爸爸，來段內心獨白：「女兒要去夜店打工，不講我也不知道，所以願意講也不錯了。」

現代女兒的爸爸，不僅得「學識豐富」，以應付女兒的種種挑戰，有時還得有些「肚量」，接受不符合自身期望的女兒的樣子。

雖說「有其父，必有其子」，但個性、長相像爸爸的女兒也佔極高比例。只是，過去我們很少會從這個角度去看待父女關係。

28 你在製造冏男孩？

年輕夫妻生下小孩，沒有時間和能力看顧，只好帶回去托給家鄉的祖父母；或者婚姻亮起紅燈，變成單親父母，也把小孩交給自己的父母親，這種現象已愈來愈司空見慣，其中摻雜無奈和苦衷，通稱為「隔代教養」。

然而，只因為小孩沒地方送，或是自己的父母曾經把你養大，他們就是理所當然夠格的隔代教養者嗎？我周邊有些年輕父母看過《冏男孩》裡，梅芳飾演的阿嬤教養孩子的方式後，熱烈討論起隔代教養的品質。

有位爸爸恰如電影情節描述，妻子與他分居，他走投無路，也將小女兒送回鄉下，托六十幾歲的媽媽看顧，他自我解嘲：「我媽媽一輩子種田，也沒有接觸過蒙特梭利，或是先進的教育理論，這麼老了還願意幫我帶小孩，我已經非常感謝，怎能要求教育品質？」所以，這些隔代教養下的小孩，正值成長的黃金期，卻像被「丟棄」在祖父母的生活環境裡，變成阿嬤說的「吃飯多一雙筷子而已。」《冏男

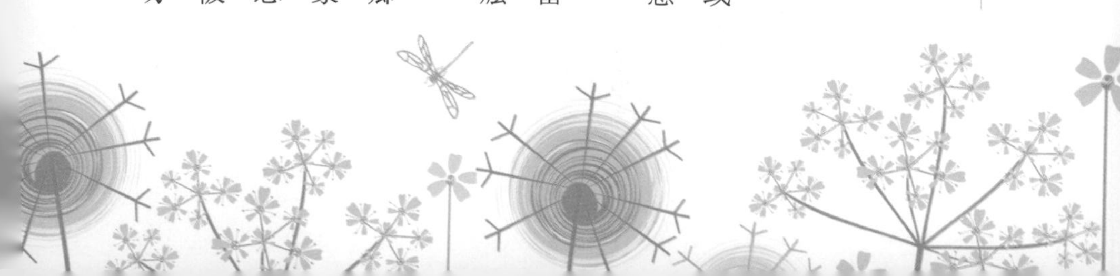

孩》這部電影，恰好點出某些現代父母的困境。

比起前幾年的日本片《佐賀的超級阿嬤》，孩子從融進阿嬤的生活學到安貧與愛生的哲學，《冏男孩》則輕輕示範權威型阿嬤與孩子教育環境間的格格不入。譬如，電影中梅芳動不動就掛在嘴邊數落孫子：「你是沒有人愛的。」無時無刻向孩子強調被遺棄是活該的。如果現實裡有小孩在這種環境成長，他會對人產生深刻的不信任感、嚴重的遺棄焦慮，做事情也會缺乏自信心。

電影裡阿嬤仍會實施體罰，也會冷嘲熱諷，她說：「再不聽話，刀子給你射過去，不給你健保卡。」當孫子背錯九九乘法，阿嬤的反應是：「我每天給你打七個耳光，連續打兩天，總共幾下？」嘿，如果是我，我早就受不了，離這個「第二個家」出走了。也難怪電影裡孫子在學校也常對同學以侮辱和暴力相向，得到「騙子二號」的綽號。

有一幕，阿嬤和同輩女人讓孫子搥背，講好要給多少錢，最後卻黃牛少給，還說：「小孩有錢賺就好。」關心教養品質的父母們一定知道，這種教養方式違背了一致性原則，讓孩子覺得不服氣：「原來長大就可以騙人。」童年所應建立的互信和自信，就如此一點一滴的遺漏了。

別以為這只是電影情節，那位爸爸看過電影後，說他想起小時候媽媽誤會他而打他的一幕，他決定將小孩接回來，再怎麼苦也要留在自己身邊，最近開始找保母。隔代教養裡一直有個「遺失的一環」，即祖父母和父母對教養小孩觀念的差異。某些心理學研究發現，由祖父母帶的小孩，常會出現「溺愛放縱」和「管教過嚴」的兩種極端。親職心理學家約書亞．柯曼曾寫道：「碰到較難管教的青少年或親子雙方性格差異極大時，可能會促使父母採取過度介入或過度強制的教養方式。」其實，這種「性格或年齡差異極大」的問題，也正由親子轉移成隔代教養的難題。

如果你是迫於無奈或婚姻壓力，必須讓孩子加入隔代教養，你自己應該最清楚父母親的教養模式，若和你自己希望孩子得到的待遇相差過遠，建議你最好先和父母溝通，送過去講好有一個禮拜的觀察期，訂下規則仔細觀察雙方的適應情況，這樣，將來就算把孩子帶走，不會傷了雙方的和氣和尊嚴。如果你一時間不知該立哪些標準，簡單，電影中阿嬤做的都不合格。

千萬別學電影的爸爸，把孩子留了就不告而別，將來，冏的是父母親，孩子肯定會恨你。

29 你是亞斯柏格父母？

「站直了，」這所治療中心的主任跟我說，「你有沒有想過，自己可能有亞斯伯格症？」

我愣了一下，請她解釋清楚。她向我托出一盤對我的觀察和亞斯伯格症吻合之處，包括跟我講話，我常不帶表情，低下頭記對方的話當作靈感。我只好承認，是有點這種傾向。

「我在中心見多了，父母帶肯納兒或其他心智障礙兒來，而他們自己常就有那類傾向或症狀。」

主任說，也常有心理師和助人工作者是亞斯柏格症。有位心理師的兩個兒子都是肯納兒，她把兒子送到自己工作的醫院接受治療，有一天，醫生終於忍不住問她，她是不是亞斯伯格症患者？起初她不願意承認，心理師——助人工作者卻有自己也難以窺透的心理盲點？

「有些心理師走行為治療路線，很擅長做心理測驗，卻看不見自己的情感，也看不見自己在怎樣對待兒女。」即使那樣，他也可以不動情感的做好心理測驗的工作，把別人的心理化成量化數字。

回去後，我找出亞斯伯格症的文獻閱讀，其中有些竟然是我寫的，顯然寫作者也常出現自己看不見的暗處角落。歸納來說，每個人（包括父母和兒女）都在亞斯柏格的光譜內，亞斯柏格傾向的人有較強烈的「自我世界」，如果別人講話時自己想自己的事，或是想到什麼就突然插話，做出不合社交禮儀的舉動，或是有強烈的「自我對話」（self talk）傾向，以為別人一定接得上他的思路。這類癖性，可能來自遺傳、性格和後天的文化環境影響，但有這種傾向的父母通常會影響到兒女，讓兒女也感染此種癖性。

原來，當我看見兒子沉溺於自己的世界，重演（replay）他在外頭聽來的話語，而不知該如何打斷他時，我對兒子的焦慮也變成我自己的，也同樣不知道如何打斷我一向沉溺的自我世界？

別擔心，主任後來又說，微軟的比爾蓋茲是亞斯柏格症，還有愛因斯坦、牛頓和馬龍白蘭度，這句話，顯然有安慰到我。

那位心理師的「自我覺察」是靠寫日記，展開自我情緒的追蹤，坦白記下他對事件的反應和情緒，他的真實感覺和想法，同時也和別人討論，了解別人的觀點。他逐步揭露，在自己重視行為改變的職業反應裡，藏著一顆隱躲情感的「黑暗之心」。

亞斯伯格通常只是種傾向，和「高功能自閉症」不一樣，但當父母對自己的身心多了這個註腳後，家人和朋友或許會有恍然大悟的感覺。

30 你學會珍惜眼前的幸福嗎？

八八風災後，靜敏發現她家的小男生變得惜福，以前他有些挑嘴，現在卻自動吃完食物，也開始存錢。問他為什麼改變，小男生說：「和災區的小朋友比起來，我覺得自己很幸福。」

這個變化，讓我聯想起九一一攻擊事件後，美國心理學家針對小學生所做的調查，當時他們對自己生活滿意度也普遍提高。也有人說，和家人不幸罹難的情況相比，他們家的小小幸福，更該好好珍惜。

集體的創傷症候群若還能有一絲用處，可能就在於這種「替代學習」的效果，讓看電視、報紙的孩子學習惜福，知道他們擁有的，還是有可能輕易失去，連帶也覺得自己很在乎的事情，像爸爸對弟弟比較好、零用錢不夠用、父母離婚，甚至自己外表不如人，都覺得可以接受和忍受。

有個小男孩家，祖母平常參加佛教社團，這次風災也前往災區幫忙，回來後，

她就幫小男孩做了個小撲滿，小男孩也乖乖配合，把爸爸媽媽給的零用錢存進去，約定裝滿後要拿去賑災。這家人的「小小幸福」是，爸媽知道小男孩的計畫後，會特別多給他幾塊錢。另一家人平常會去KTV唱歌，自從土石流滅村新聞日夜播放後，他們就不再去唱歌，爸爸說：「看見南部淹大水，我們還跑去唱歌，有些過意不去。」

但是，災難和不幸的新聞不可能一直播放下去，總會有消退和淡忘的時刻，可不要等到那時刻，讓孩子培養起來的「惜福感」也跟著消退，又開始過消費無度的生活。另一方面，一直處在災後創傷的大環境裡，對身心都會有傷害。這時候準媽媽更要懂得珍重，哥倫比亞大學心理學家凱瑟琳．夢客研究九一一攻擊事件後出現創傷症候群的孕婦，發現嬰兒出生後，極易被巨響和陌生人驚嚇到。英國有項針對數千名孕婦的研究也發現，處於前十五％焦慮群的孕婦生下的孩子，十歲時情緒和行為顯現問題的比例是一般孩子的兩倍。

災變新聞熱度當前，雖覺災難不是我們能掌握的，建議孕婦和孩子這兩類家人，還是不要過度接觸災變新聞。請在往後的日子記取惜福的心意，但不要一直處於焦慮和虛無的心境。

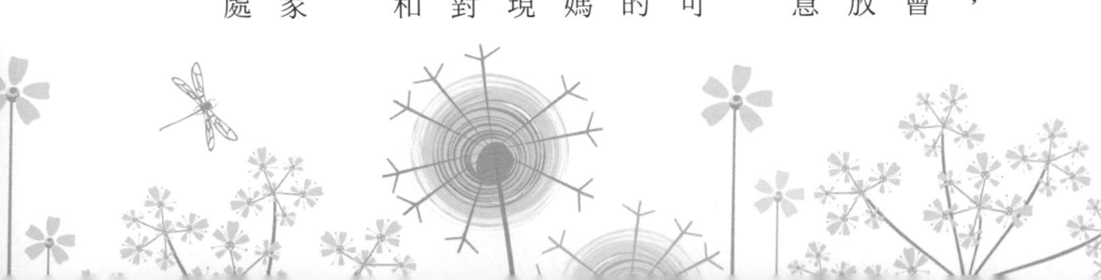

當你覺得生活是場災難、缺少笑意、生命無常，日本電影《帥哥西裝》裡，女主角獻給那個覺得自己醜到無人愛的醜男的一個遊戲，叫「把幸福找回家」。請拿出手機，把你看見的別人的小小幸福拍下來，然後就可前進十步。等你回家後，手機裡裝滿別人的幸福，你也會覺得自己沾染到別人的幸福，有如空中噴灑的香水。

電影裡，租到房子的外國人、燙頭髮的婦人、鯛魚燒從尾巴先吃的中學生，都屬於幸福一族。幸福，總是從小小的心意堆疊起。

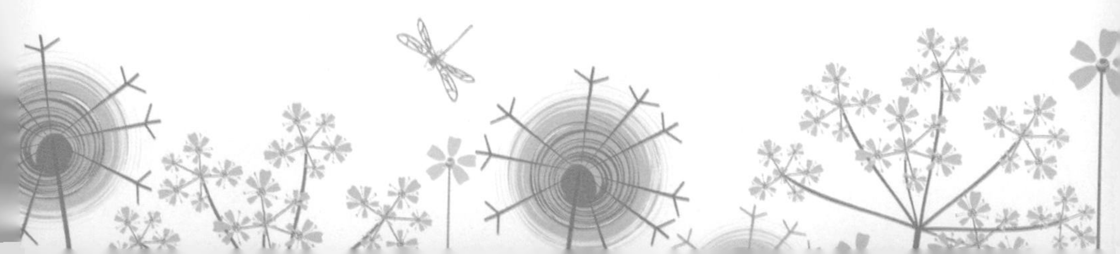

31 你懂得空椅法嗎？

空椅法號稱「完形諮商」唯一的技術，就是有一張空椅了，假想有個「事物」或「人物」坐在上面，我們跟「他」對話，也模擬「他」對我們的回應。坐在空椅上的，可以是父、母、孩子等重要他人，自己的身體器官、情緒、生活中的某種物品、一個夢、外在環境，或某種「氛圍」。

雖然諮商專家強調，「空椅法」最好由專業人員來進行，然而，日常生活中，當我們覺得情緒無法發洩、表達，覺得失去同理心時，其實真的可以搬一張椅子，開始自己的「空椅法」。

諮商心理師曹中瑋曾經寫道，她接觸過一名家人心目中「安靜」、「不會體諒人」的女孩，諮商師感覺，女孩很少用到嘴巴，便邀請她把嘴巴放在空椅上，進行對話。首先，諮商師讓女孩坐在空椅上成為嘴巴，請這張嘴巴說話。「嘴巴」這才說出其實她安靜是把心事擱著，以前她說出自己想要的，家人都會反對。

「嘴巴」（當然，就是這名女孩）擔心，說出自己的狀況會增加別人的煩惱，想不到反而被誤解為不體貼、冷漠。說著，女孩受委屈的眼淚掉落下來。其後，諮商師可能要邀請女孩的「眼睛」坐上空椅了。

運用在家庭裡，空椅法可以成為親子相互了解的策略。有位男孩愛亂吃零食常拉肚子，媽媽就邀請男孩的「胃」坐上空椅，這個男孩平常沒有說出口的，就藉由「胃」講出來，「我也不知道主人為什麼要塞這麼多東西進來，害我每天都在加班工作，真想好好休息一下。」家人才了解，男孩並不是真的想吃、亂吃，而是常受不了食物的誘惑，男孩自己內心也明白這個癥結。

要把空椅法應用在自己與自己對話，可能有點難，畢竟我們都會想逃避舊日傷痛和記憶。不過，卻可當作一種認知的鍛鍊。建議邀請你的某個「個性」坐進空椅，例如，你常覺得自己「虛榮」、「愛面子」，別人稍微批評一下，你就作出不符比例的反應？那麼，請「愛面子」坐上空椅，問它：「你為什麼會這個樣子？」、「你想講什麼嗎？」等著從那張空著的椅子，像鏡子般回照內心深處。

運用空椅法，能夠整納個人內在系統，讓自己和他人出現轉變契機。但是，空椅法做不到彌補和補償，你無法要求死去的父親坐進空椅，然後聲嘶力竭的對他

說：「請你把我失去的童年快樂還給我。」空椅法的原則是表達和揭露，是一種具有療癒的「遊戲」。曹中瑋就曾建議，孩子不可能要求父母「給我一個新的童年」，應表達成「我很失望你們沒有給我一個快樂的童年。」

32 你教會孩子用錢嗎？

家有青少年或大學生的父母，聽說噩夢的第一名從孩子嘗禁果、未婚懷孕轉為接到銀行電話：「你們兒子女兒的卡債已到期了……。」如果僅是這樣，還算噩夢小兒科，有一種是打電話給兒子：「兒子啊，沒錢跟爸爸要，為什麼要欠銀行卡債？」「因為我要借錢還另一家銀行的卡債嘛。」什麼的什麼，爹娘的噩夢才正要開始。怪罪這一代孩子未曾經歷過經濟蕭條的歲月，沒有培養出正確的金錢觀嗎？金錢裡面其實埋藏著許多的故事與心情。曾發生有個小學生拿家裡的錢買禮物送同學，以為可以「買」到友誼，輔導老師以「精神異常」解釋這種行為。其實，回憶我們自身的往事，我們知道事情從來沒有這麼簡單過。

記得我小時候，關於金錢的世界單純多了。課本教我們儲蓄，老師、父母鼓勵我們儲蓄，那時國家的口號是「全民儲蓄買戰鬥機」，我們只要把壓歲錢存到小豬撲滿，有一天打破小豬撲滿，捧著一大把錢幣存到郵局帳戶，關於金錢的一切

便算功德圓滿。我還記得第一次在學校郵局辦了一本存摺，把我生平所有財產——三十六個硬幣存進去時，內心有多麼的滿足。等到我長大後，這才發現，僅僅這樣是不夠的。對於金錢，我必須同時懂得消費、儲蓄、投資、利潤與盈虧的道理。

翻開現在的小學課本，仍然和當年一樣，最多只講到「儲蓄」，但課本說存錢是為了日後的花錢，這還是一種「消費」觀吧。

現在利率降到這麼低，政府都在鼓勵投資，教育卻沒能跟上經濟趨勢。難怪當銀行發行現金卡，宣傳說「借錢很方便」後，社會會產生這麼多年輕的卡債族。

我和一位父親討論過卡債族的問題，他充滿困惑的問我：「難道除了儲蓄觀念外，我要鼓勵兒子從小就立志當巴菲特或李嘉誠嗎？」我說，沒有啦，問一百個小孩，他們都會說從小要立大志做孫中山，這樣作文才能拿高分。有個小五的學生老實的說他將來最想當銀行經理，每天看著鈔票進進出出。老師的評語是：「又不是你的！高興什麼？重寫！重寫！」後面還畫了個「$」，然後打個叉。

後來這個學生重寫，決定要當李遠哲，老師很高興，給他九十分。

可能就是這個原因吧？我想，千千萬萬當不成李遠哲的年輕人，最後都「向下沉淪」當上了卡債族。

33 你的孩子養寵物嗎？

孩子吵著要養寵物，有些潔癖的媽媽說，那就養烏龜吧，安安靜靜的，吃得又少。媽媽受不了養狗，會隨地大小便，搞得家中總有股臭味。

有個爸爸跟想養狗的兒子問道：「你保證會清理大小便，餵牠、照顧牠、不拋棄牠嗎？即使你覺得累了，不想動，也要能帶牠出去溜溜？」這個爸爸覺得自己像在複習當年的育兒經。

寵物與主人間有著親暱的聯繫關係，已是心理學的共識。

翻開西洋詩集，隨處可見：「狗是我們與天堂的聯繫，不知邪惡、忌妒和不滿。」、「買到快樂的代價很『小』：小小狗兒獻忠心。」家裡養狗，可讓孩子學會無法言說的深邃關係。

依照這位媽媽的建議，家裡會乾淨些，但烏龜不會跟人建立感情，要毛茸茸的寵物如狗、貓才有可能。本來，我以為兔子比較不會「傳情」，但有位三十來歲的

男性友人養過兔子，會臭著一張兔臉等主人進門後，才噗噗噗痾一坨便，表達對主人晚回家疏於照顧的意見。寵物跟家人的溝通，其實有很多樣式。如果孩子較不擅於溝通，可試著養隻寵物，畢竟與寵物交心是較容易的。對活動量漸少，生命漸灰黯的老人家，跟寵物共處，具有「關係療癒」的效果。孩子可以靠養寵物學習責任感，但是，僅把一隻天竺鼠或巴西烏龜養在籠內，卻是學不到的。

德國有項心理學研究發現，養狗的人較不會憂鬱。柏林的醫生作家Eckart von Hirschauson說：「養了狗，就保證擁有日常活動、光線和社交接觸。」從這點看來，那首英文詩寫道：「明亮午後，和狗坐在山丘上，如同重返伊甸——什麼都不做，也不會無聊，那是平靜。」實在有些道理。

蘇黎世大學的研究也指出：健康人和病人都能從動物與人的多面向關係中得到好處。然而，這種好處，不包括不喜歡，甚至怕動物的人。因此，要家人從寵物關係中得到正面能量，必須是他們願意接受動物。

別讓孩子以任何形式虐待動物，「物化」寵物只會讓孩子將來以同樣方式對待同伴。買寵物，無論是狗、貓、烏龜、天竺鼠或鳥，都要確定他是喜歡動物的。不要讓你的「買」，變成另一種「物化」。

34 退後想一想，怨恨降溫

老宋談起幾年前他諮商過的一個大學生兒子，以及他和媽媽的熱水瓶戰爭。

一開始，母子會為「熱水瓶有沒有歸原位」這類小事爭議不休，當兒子倒熱水喝，媽媽都會發出責怪：「看，規矩這麼不好，就不會把熱水瓶放回原位。」當然，這類責怪也可輕易伸進兒子的其他生活習慣，但兒子總覺得好笑，熱水瓶不管放在哪裡，又不會失蹤。媽媽卻不這樣想，堅持良好的生活習慣要從細節注意起。

老宋試探：「你多留點心，喝完水就把熱水瓶放回原位，媽媽就不再唸你了嘛。」兒子搖頭，說他媽太執著在生活細節，鑽不出來。於是，老宋建議了一個辦法。

下一次，媽媽又為熱水瓶責怪兒子，兒子把熱水瓶一會兒放在桌子左側，一會又放右側，說：「媽，妳看，熱水瓶怎麼放，都在同一張桌子上，它不會跑掉，下次要喝水，也肯定找得到。」媽媽望著兒子喜劇式的動作，突然轉瞋為笑，對啊，

何必這麼在乎一個熱水瓶的位置。

老宋導演，兒子和媽媽合演的這場戲，就叫「後設的觀點」。當事人一直陷在事件情境裡冷戰、熱戰、精神大戰時，冷不防有人做了這樣的「旁觀詮釋」，說不定有助於看清問題，消降彼此的爭戰溫度。

其實，小到熱水瓶的位置，大到家人、親子間嚴重的關係斷裂或跨代恩仇，缺少的可能就是「後設觀點」的潤滑。諮商大師卡爾．羅傑斯記錄過一個「哈小姐」的案例，哈小姐的爸爸當年拋棄媽媽，諮商開始時，她說：「我對爸爸只有恨，而且覺得自己道德上站得住腳；只要跟爸爸接觸，我就會表達出對他的厭惡；我有某部分很像爸爸，這讓我覺得羞恥。」妳看，這麼強烈的恨意，該如何化解呢？

卡爾．羅傑斯寫道，到了諮商後期，哈小姐的想法轉成：「我感覺媽媽恨爸爸，也期待我這樣做；我不喜歡爸爸的某些部分和某些作為；我喜歡爸爸的某些部分。」根據羅傑斯的解釋，哈小姐將距離拉開重新觀看兩代關係，再加入「後設的個人觀點」，終於更能照見自己的處境。

因此，給自己一個後設的思考訓練吧，問題發生後，無論來自何方，是與誰的關係出問題，不要一直鑽進情境，不要只會做零和思考，當然，也別把關係經營成

賽局，像那個媽媽非要兒子照自己的意思，把熱水瓶擺回原位。「後設的觀點」要求我們出來一點，退後一點，把自己當成旁觀者那樣的來想問題。

我曾參加一場「知見心理學」（Psychology of Vision）的演講，有位中年男子舉手說：「我覺得被媽媽傷害了。」心理學家回答：「如果你願意，在每個傷痛經驗裡適時的去原諒媽媽，怨恨與罪惡感都會消退。」

回想起卡爾．羅傑斯筆下的哈小姐，我想這位中年男子需要的，正是一場「後設觀點」的鍛鍊與洗禮。

35 小妹的娃娃之夢

家有小女兒的家庭，遲早會發現，家中堆滿洋娃娃。

這些洋娃娃堆放的位置，很有玄機。它們通常會出現在小女兒的床上，蔓延到房間裡，失寵的則打入冷宮，丟入床下。接著，就像洋娃娃自己長了腳，會走路，偶而出現在遊戲間，在客廳角落，或是客廳、浴室、廚房的三不管地帶。有時候，媽媽帶點責備的口吻告訴小女兒：「怎麼不把洋娃娃收好，放在房間裡？」小女兒抬起頭，用明亮的眼神、溫柔的語氣說：「可是洋娃娃也要吃飯、看電視，整天關在房間裡，太可憐了。」在那一刻，歡迎來到洋娃娃的世界。

如果你夠「乖」，是小女孩心目中的「好爸爸」、「好媽媽」、「好奶奶」、「好姊姊」，她偶而會邀請你來到洋娃娃之家作客。你心中嘀咕：「什麼時候，洋娃娃自己也有了一個家？」別想那麼多了，坐下來，小女孩模仿家中大人喝下午茶的習慣，讓洋娃娃倒一杯茶給你喝。家中沒有喝下午茶的習慣？那是你的問

題，不是洋娃娃的。

主婦們，防範妳的祕密會在洋娃娃的世界重演。有次，有個媽媽請姊妹淘來家裡作客，卻聽見四歲的小女兒在隔壁房內對著洋娃娃喊：「妳這個懶惰的媳婦！」這個媽媽當場嚇出一身冷汗，以為婆婆嘮叨的模樣被小女兒學了去，其實，小女孩模仿的是連續劇啦。

我遇到某家的小妹喜歡玩洋娃娃，床上、房間裡全是洋娃娃。本來媽媽也覺得沒什麼事，但小妹花在洋娃娃的時間越來越長，不僅玩裝扮遊戲，還一天到晚跟洋娃娃講話，媽媽跟她說話，卻不太搭理。媽媽擔心，這樣下去，會不會有什麼問題？

小女孩玩洋娃娃，感覺天經地義，其實，跟洋娃娃玩什麼，怎樣玩，都暗藏豐富的心理訊息。兒童精神分析學家梅蘭妮．克萊恩早年即常用洋娃娃吸引進入診療室的小孩，藉著玩洋娃娃，重新建構家裡發生的情景。克萊恩說：「在分析中可以藉由遊戲觀察到現實適應不良的小小孩，我們必須藉由分析漸漸幫助小小孩得以完全和現實接觸。」

克萊恩記錄過一名無法適應新環境，情感非常黏著母親和其他女人，情緒非常

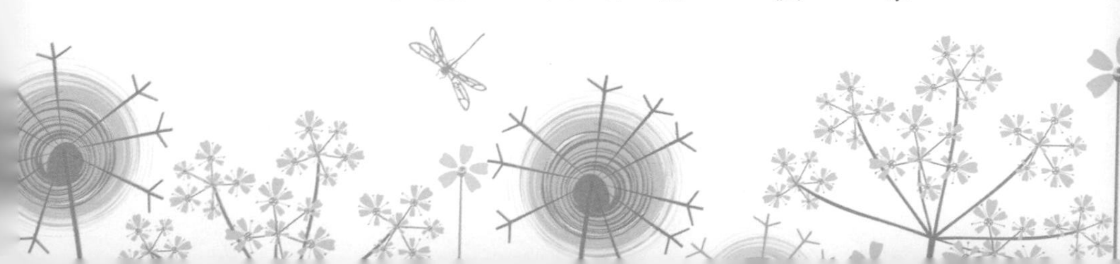

兩極化的小女孩露絲（四歲三個月），或許可讓父母們發現，理解小女兒的心理世界時，洋娃娃如何能派上用場。經過幾次排拒後，克萊恩注意到露絲在餵洋娃娃，並給洋娃娃一大盆牛奶，克萊恩也跟著這樣做，將一個洋娃娃放在床上，跟露絲說她也要給它吃東西，然後問要給洋娃娃吃什麼，露絲停止尖叫，回答說：「牛奶。」

克萊恩如何分析露絲，暫且擱下——透露一句，多半和媽媽對待她的方式有關。然而，克萊恩和小露絲的互動和分析即開始於玩洋娃娃，最後，成功的消除了小露絲的焦慮發作。

克萊恩治療的小露絲，非常黏著母親，到了媽媽稍微離開，內心就感受到被遺棄的焦慮。所以小露絲藉著玩洋娃娃，透露出她的內心驚慌來源。精神分析語彙裡，這種方式稱為「移情」。克萊恩說：「小女生對於洋娃娃的慾望底下，潛藏著被安慰和被肯定的渴望。」

小妹的媽媽遇到的剛好相反。小妹整天玩洋娃娃，不搭理媽媽，就算媽媽暫時離開她，她也顯得異常冷漠。我猜想小妹對媽媽或其他家人，一定有一番未曾揭露的內心世界，玩洋娃娃也同樣是種移情作用。在關係裡面，正向移情若能多過負向

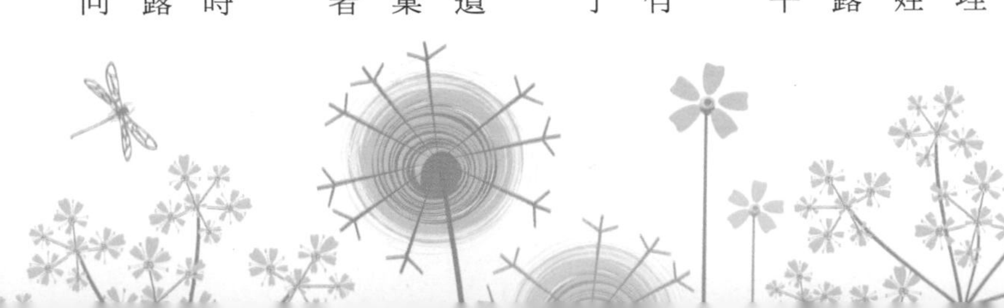

移情，將能消除焦慮，增加彼此的正向情感。

由於小妹不太搭理媽媽，最好由一位能和小妹玩，也讓她覺得安心的人陪她玩洋娃娃，扮演「克萊恩」的角色。順著小妹的世界和遊戲邏輯，用洋娃娃當作一個問題的開端，這個潛藏的問題是：「妳對媽媽有什麼不滿嗎？」

如果一時間內，小妹還是兀自玩著洋娃娃，克萊恩倒用過一個完全無法被接觸的小孩的治療技巧，也可供參考，這個技巧稱為「自己玩起來」。就是利用洋娃娃和一些積木做補助，大人自己玩，用積木做成一個東西，把洋娃娃放在旁邊，說那個東西就是「學校」、「劇院」，開始扮演起各種不同的角色。也許小妹會忍不住插進來，說這不是「學校」，是間「廚房」。這下有意思了，她的內心世界會在遊戲裡逐漸浮現出來。

洋娃娃其實也是很好的「角色扮演」，是施諸於小女兒早期的家政訓練。如果好好運用洋娃娃，一個女孩一輩子的夢想、期待，遇到的種種問題，都可把洋娃娃當作認識的起點。

同樣的，洋娃娃的扮演角色，也可訴說媽媽和女兒間的傳承，假設兩代女人都玩過洋娃娃的話。當然，這也僅限於小女孩的階段，我不知道，是不是有那種會大

肚子的洋娃娃，而媽媽會拿著洋娃娃跟長大的女兒說：「當年我懷妳的時候，就是這幅德性。」這種感覺，真的很「洋娃娃」。

當然，承襲佛洛依德性學理論的克萊恩，對小女生玩洋娃娃的詮釋，就充滿了性的聯想。她說：「擁有洋娃娃證明母親沒有盜走她的小孩，而且她的身體沒有被母親催毀，因此還可以生小孩。藉由餵她的洋娃娃以及為它穿衣服，小女孩證明自己有一個愛她的母親，藉此紓緩害怕被拋棄、被丟棄以及變成孤兒的焦慮。」這種精神分析的主張，就看妳買不買帳了。

36 公仔

姪女打電話來，要我幫忙蒐集便利超商的集點券，每集十點，她就能換一隻Hello Kitty公仔。我說，唉呀，剛剛覺得這些小點點很麻煩，丟掉好幾張，不如我直接買公仔送她，還可挑自己喜歡的。

姪女義正詞嚴說：「不好，你不會知道我喜歡哪一種的啦，給我點券，我要自己去換哦。」

經姪女耳提面命，再三囑咐，後來上超商買東西，沒有發票不打緊，一定記得討點券。有家超商每買七十七塊才有一點，我還得再多買根黑輪、茶葉蛋，幫姪女湊點數，姪女的公仔還未到手，大人後援會體重肯定先增加。

超商和連鎖藥妝店見得到的公仔，以Kitty貓威力最猛，《海賊王》的角色也有公仔分身，但我未看過這套漫畫，所以也不會想要它的公仔。我唯一蒐藏過的公仔，是幾年前推出的六個肯德基爺爺，還會講六種語言的「你好嗎」。我會蒐集這

套公仔，可能和他們比較接近我的年齡有關，也可能是因為那陣子常吃肯德基。

公仔雖然是廣東話，但照公仔的經濟熱度發展下去，台灣人的家庭勢必成為名副其實的「公仔之家」。只要你有消費，就有附帶換到公仔的機會。遲早，大人小孩各自擁有「公仔王國」，各為其主，如果在家把公仔全擺在一起，應該很像《博物館驚魂夜》，西部牛仔和羅馬士兵打在一塊的情景。這樣，也沒什麼不好，至少能讓家庭成員快速瞭解彼此的世界。

公仔還可和自己的樣子連在一起。台北有家店就接受顧客訂製公仔，價錢貴了點，據說生意還不錯。想想，把全家人都做成公仔，放在一起，好像家庭照片的人突然從相框跑出來，更妙的是，還可視情況調整彼此的位置關係。譬如，爸媽吵架了，兒子把原本黏在一起的爸媽公仔分得遠遠的，用來顯示他此刻對家人的感覺，絕對比無法挪動位置的家庭照片，還具備戲劇效果。

不過，如果有意訂製公仔，最好找家技術好點的，免得日後兒子把玩公仔，越看眉頭皺得越緊，不禁會問：「爸媽，我真是你們生的嗎？」

當然，不同造型、情境的公仔，更可成為家裡的扮演遊戲。有個媽媽說，她四歲的女兒，就是靠搜集公仔，開始知道同一個角色，在不同場合也會有不一樣的表

情和造形，我說：「喔，她比美國總統懂得更多呢。」我還不知道姪女準備怎麼玩我為她得到的Kitty貓公仔，側面打聽，她有意把Kitty貓和哆啦A夢湊成一對，反正都是貓，也都是日本籍。

37 冰箱磁鐵

各家超商拼業績，努力送造型磁鐵，熱潮過後，每個家庭的冰箱上，密密麻麻貼滿磁鐵，有些家裡，從冷凍櫃一直貼到冷藏櫃，幾乎只看得到一整片斑駁顏色。

有個爸爸說，有一天，他起床開冰箱拿牛奶喝，望著造型磁鐵，靈機一動，決定試試西方家庭劇常見的「冰箱留言」。當下打定主意，規定他、太太和兩名子女每天都要在冰箱上貼一句留言。不過，除了他在興頭上外，其他人顯得不甘不願。

在這種家庭氣氛下，這個爸爸率先貼的一句話是：「請不要忘記留言。」過了一天，卻沒有動靜。第二天，他繼續貼上第二句：「請不要忘記我昨天的留言。」

我不好問他第三天的留言內容，卻想起一個夫妻冷戰的留言笑話：說丈夫留言「明天早晨六點叫我起床。」第二天，太太在冰箱上留言：「起床！」

真的認真執行起來，還真不知道該寫些什麼呢？有些留言讀起來，很有現代詩的味道：「孩子的媽，母親節快樂。」、「爸，請簽成績單，你真的要快樂一點

啦。」、「牛奶星期三過期，快喝。」我認識一位女詩人，寫起詩就是這個味道。

實際點的家庭，把留言當成冰箱戰場的爭奪卡位戰。「嘿嘿，最後那塊蛋糕是我的，小胖留」，照這種成果下去，他遲早會吃成大胖。「誰把我冰箱裡的膠原蛋白面霜丟掉 媽媽留」，「是我啦，但我以為是過期的優酪乳 爸爸留」。看來，冰箱留言早晚會成為名副其實的「冷戰」——還沒有打開冰箱門，就覺得「好冷」。

沒關係，這確實可當成家庭溝通的練習，圍繞著冰箱，發展成家人交流的核心。有些職業婦女抱怨，丈夫在家一整天都不談事情，要到出門前才打開話夾子，因此，練習使用冰箱留言，在家人作息時間都不一樣的情況下，也可以是良好的緩衝。不是有事才提醒、留言，偶而也可表達家人的關懷情意。

超商送磁鐵，其實還可附贈送些字句，像吃「幸運餅乾」裡的籤詩，把家人最常用的字句事先印好，隨手就貼在冰箱上，保證暢銷。

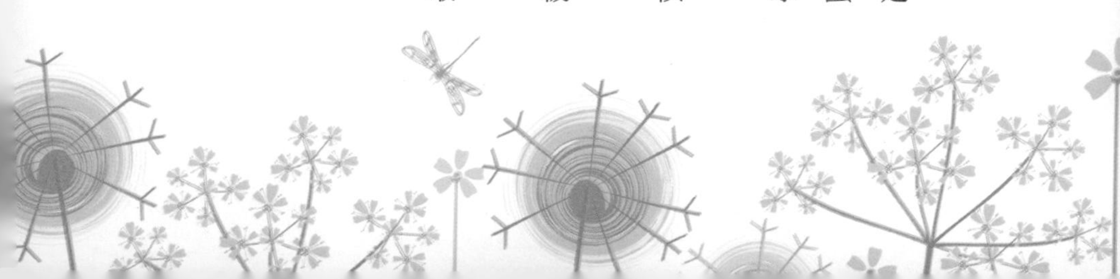

38 尿布

這家祖母算性急，媳婦的第一胎不知是男是女，就開始採買尿布。兒子勸她等小孩的性別確定後再說，祖母狐疑地問：「奇怪，買玩具要分性別，難道尿布也分性別嗎？」

我很想站在祖母這一邊，事實上，不仔細思索的話，大多數尿布產品看來是沒有性別問題的。但再多觀察一下，單從媽媽給小嬰兒穿的尿布顏色、式樣，你能不能看出嬰兒的性別？

一九七四年，Rubin和Luria等人發表過一篇「看顧者之眼：父母對新生兒性別的觀點」，他們觀察發現，雖然父母和看顧者不認為穿尿布有性別，實際上，看顧者會嚇唬穿藍色尿布的嬰兒，扮鬼臉；對待穿粉紅尿布的嬰兒卻變得溫柔許多，也覺得這些嬰兒比較美麗、甜蜜、可愛。所以，從嬰兒出生那一刻開始，看顧者就會用自身的文化經驗施諸嬰兒，與嬰兒互動，自然而然的，這樣被對待的孩子，最後

也會長成大人們希望他們成為的那種樣子——藍色象徵勇武，粉紅代表溫柔。

一九七〇年代，另有項研究，英國小兒科醫師Aidan Macfarlane記錄產科醫師和父母在嬰兒出生那一刻，彼此或向孩子講的話。內容可分成兩類，第一類針對性別的生理差異，第二類則來自成人自己的文化經驗，也就是他們文化中兩性能做或不能做的事。其中有個很典型的反應，得知生了個女娃娃後，爸爸媽媽說：「等到她十八歲，我就要操煩了。」或「她不能打橄欖球。」事實上，在這些父母成長的五〇年代英國，女生是不能打橄欖球的。所以，父母們自己成長時接收的文化與性別經驗，又從孩子出生那一刻起，交棒給孩子。難怪英國會拍出《我愛貝克漢》那種女孩子踢足球驚動整個家族的電影。

希望那個祖母最後找到答案了，是的，尿布真的是有性別的。不過我建議，祖母給性別未明的孫子買一些藍、一些粉紅的尿布，日後悄悄觀察孫子穿上不同顏色的尿布，成人的對待方式、講的話會不會真有不同？

這樣吧，單日穿粉紅尿布，雙日穿藍色尿布，禮拜天什麼顏色都可以穿。希望從自己的孩子開始，養出剛柔並濟的下一代。

39 尿袋

新聞裡看到，有位小朋友受傷遭父親責罵，帶著尿袋離家出走，五天後，才在某家醫院被找到。此尿袋自然非彼尿袋，卻不由然想起我和尿袋的小「牽拖」。

高速公路還常塞車時，有家泌尿診所曾分發尿袋，供民眾免費索取。那時在高速公路一塞就是七小時，確實有這種需要，既然不能隨意到路肩解決，就只有靠尿袋。

但是，怎樣才算是使用尿袋的正確方法？經過這麼多年，我始終捉摸不定。男生還好，從小小男生就在「放縱野外」和「解放即自由」的風氣裡，學習到即使是狹小空間也能解放的本領。我到現在還不知道，女生是怎樣搞定尿袋的，有一次，塞在中橫長達四小時，有位阿姨輩曾試過一次，不過我們全奉命向外看，再用兩條毛巾層層遮掩，事後我問：「難度是不是很高？」阿姨很乾脆的說：「一開始要對準，比較困難點。」

尿尿這件事，好像天生就會的，不需要特別教導。男生從小學到唯一的法則是，不可以亂灑，這幾乎是所有男廁都會貼出的告示。從小時起，男孩就要面對各種各樣的容器考驗，有像花盆、牛奶桶、燉鍋型的，有水溝型，或就乾脆對著一片不鏽鋼牆的那種。我這一代讀小學時，男廁有一個個的塑膠桶，我們就對著桶子小便，滿了回收去當肥料，貢獻台灣農業，台灣的經濟就是這樣發展起來的。然而，從來沒有像對準尿袋那樣，讓我感覺到自己器官的存在，學到不能把尿尿當作理所當然。那天才聽說，有個媽媽抱怨，她家小男生半夜起床尿尿，把馬桶灑得雨露均霑，整個房間瀰漫尿味。如果問題未獲得改善，給他試試尿袋訓練吧。給他一個空尿袋，學習對準，注滿，感覺尿尿的溫熱。

這個階段很重要，一定要他感覺自己尿尿的份量。父母的教養態度常讓小孩覺得，尿尿只是身體棄之唯恐不及的東西，洩掉就沒事了，然而，尿尿也是身體的一部分，是有份量的，我們也要學習負起責任，把它當作身體有機代謝的一個過程，而不只是機械式的排洩。說不定，這也是良好性教育的開端。

最後，要感謝台灣的交通建設，讓高速公路塞車已快成為歷史。開車上高速公路要帶尿袋，也變成父母與孩子間的陳年回憶。

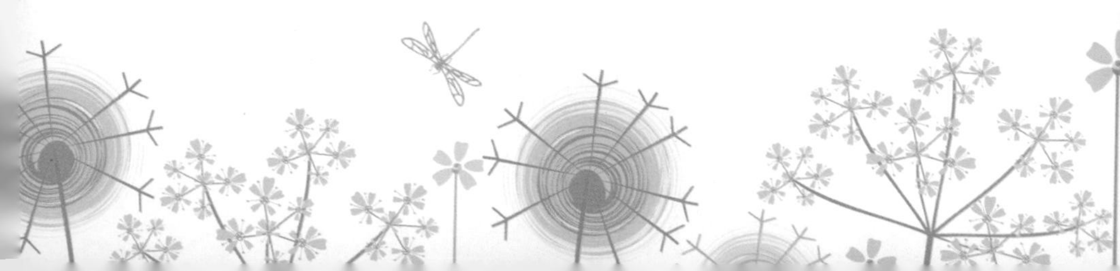

40 沙發溝通訓練

習慣家裡溝通方式的兒童上小學時，常會出現適應問題，興祥就是如此。興祥上學第一個禮拜就跟媽媽說不喜歡學校，不想去。媽媽到學校跟老師溝通，瞭解問題，發現原來是從家庭生活脈絡性的語言，進到教室理性、指導式的教學，有些銜接不上。

興祥家就是典型的單人沙發組合，父母加他三個人，三張單人沙發，講話多半扣緊生活脈絡，非常民主隨興。剛進到學校，興祥用跟父母講話的方式回應老師，卻常被要引導學生進入課題、要教導知識的老師忽略、打斷，那陣子興祥覺得很挫折。

譬如老師問：這個人的臉是高興，還是不高興呢？問完，老師就要得到明確的回答。然而，興祥還像坐在自家客廳的單人沙發上，把問題放進生活脈絡裡：「我媽說不要批評人家的牙套，不禮貌。」或是聯想起家中看過的某齣電視劇情節：

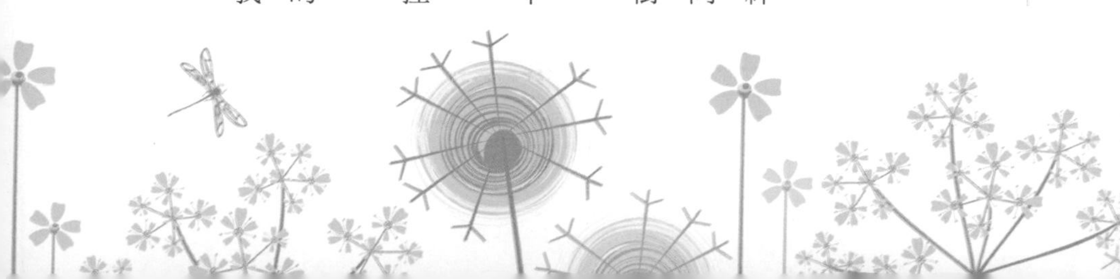

「我媽說俊賢的老婆不應該去整型美容。（臉太緊繃了，所以笑不出來的意思。）」於是，老師當然忽略了興祥的回答，比較去回應講出「明確答案」的同學。

這種溝通型式的落差，其實相當普遍。部分原因在於，父母沒有給小孩適當的上學訓練和準備。二〇〇一年，教育學者哈山在澳洲雪梨市郊錄下二十四位母親和孩子日常生活的對話，長達一百小時。分析發現，母親允許兒童相當自主地表達自己的情緒、態度和目的，習慣「真實情境」和「虛擬情境」相互出現、使用，就更能習慣進學校後使用的「去脈絡性語言」。

台灣人在家裡，習慣的還是單人沙發面對雙人沙發的權威關係，然而，借用教育學家巴賽·伯恩斯坦的話，孩子必須要能講出去脈絡化語言，才能在教室「文本競爭」的世界中適當生存。

在家裡，適當的「沙發溝通訓練」應該是第一階段，單人沙發；第二階段，雙人沙發；第三階段，混合沙發組。

首先父母應該讓孩子像坐在單人沙發裡，自主表達情緒和想法，不受拘束。偶而一起坐在雙人沙發，用想像、虛擬的問題誘使孩子思考，描述他的感知，讓孩子練習說明自己的內心想法。

孩子進學校前，開始模擬去脈絡性的溝通方式。父母或其他長輩更好，坐在雙人沙發上，常常向坐在單人沙發的孩子發問，問題可具體或抽象，但無關當下的情境脈絡。讓孩子習慣既能面對權威，也能穩坐自己的位置。

單人沙發，雙人沙發，三人沙發，原來還牽引出這麼一番互動關係。好好運用沙發的組合練習溝通吧，別以為沙發的功用只是為了看電視，白白糟蹋了。

41 垃圾桶：我家廚房有怪獸？

我小時候，電視上有個卡通叫「摩登原始人」，後來改成真人版搬上大銀幕叫「石頭族樂園」。反正，不管叫哪個名字，要用石器時代的想像過工業電能時代的生活，難免真的要一番「異想天開」。例如，我對廚房裡門一開，養隻狗型的怪獸專門吃垃圾，印象特別深刻。

進到電腦時代，那個器具稱為「垃圾桶」，但它怪獸的本質不變。無論垃圾桶的造型、功能如何多變，它還是家裡的「怪獸」，用蓋子隔絕，垃圾拋進去趕緊關上隔絕，眼不見為淨，頂多想起一首歌，不要跟我說垃圾車來時的「少女的祈禱」，而是我家的廚房「有怪獸，有怪獸，有怪獸」。

由於垃圾桶這種「怪獸」的天性，如果你比喻一個人是「垃圾桶」，對方大概不會覺得是句恭維話，唯獨「情緒垃圾桶」就不同了，有些媽媽常被家人比喻為「情緒垃圾桶」，她們非但不以為過，還覺得是跟孩子夠親，孩子才會願意把心裡

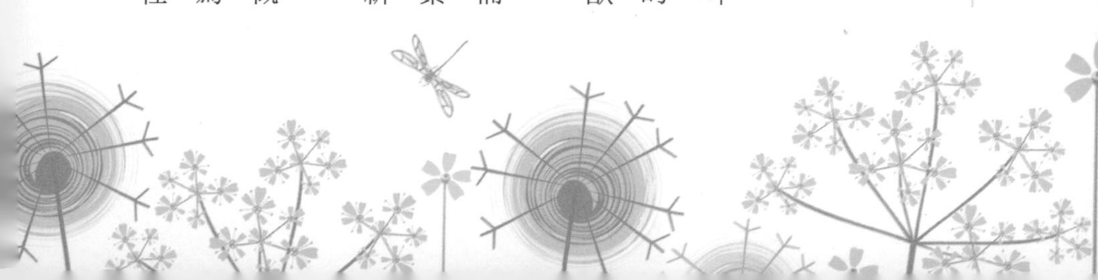

的不快、怨懟、牢騷、講別人的缺點都「傾倒」給她。其實，做「情緒垃圾桶」最傷了，而且是傷身與傷心都一起來。

可以說這是女性重感情的傾向，不知不覺的，有些媽媽/女人便成為家人（包括婆婆、媽媽、孩子、丈夫和其他親戚朋友）最適當的「垃圾桶」，她要處理自己日常生活累積的情緒壓力，也必須負擔別人日常累積的情緒壓力。其實，這種角色的辛苦，不是我們可以想像的。我們總習慣把「垃圾」倒進「桶」內，然後眼不見為淨，以為從此就大功告成，殊不知最辛苦的任務就是清理垃圾桶，更別提如果妳就是那只垃圾桶了。

來看樂雲媽媽的情況。她的孩子已上國中，平常很喜歡跟她講哪個同學怎樣怎樣，連帶也會批評起老師，樂雲很願意聽孩子講心中的感覺，當孩子最忠實的「情緒垃圾桶」。但孩子的牢騷和抱怨聽在耳裡，累積在心裡，她又很擔心孩子會說漏嘴：「嘿，你跟媽咪批評老師的話，不要說給別人知道，最要緊的，也不能跟老師這樣講喔。你不能當著別人的面批評人家，這樣不禮貌。」孩子望著媽媽說：「我知道，如果是罵人的話，我就講給媽媽聽就好。」媽媽覺得這句話的邏輯有點怪怪的，卻也說不上怪在哪裡，只好繼續當只孩子的「垃圾桶」。

如果是同個事件的兩位當事人，同時來倒垃圾，這個「垃圾桶媽媽」就會大感吃不消。像姊弟互看不順眼，都跑來跟媽媽告狀倒垃圾，觀點彼此衝突又自以為是，這個媽媽如果繼續抱持「垃圾倒給我就好」的心態，很快就會爆滿，覺得整個腦袋真的就像裝滿垃圾，樂雲媽媽後來就說，她也覺得好累，這個垃圾桶實在不是好當的。

「家庭治療師」的角色其實也有點像垃圾桶，創建合作取向治療的賀琳．安德森就提到，所有治療師都接過「衝突現實型的案主」，每個來倒「垃圾」的家庭成員，都覺得他們講的才是對的，自己最有道理，「某青少年認為自己沒有問題，卻認為他的父母有問題；做丈夫的認為一切都沒事，除了他的太太整天碎碎念以外。」她的角色是將這些人的「情緒垃圾」都收進來，然後整理成「多重現實的觀點」。「治療師所知道的每個事件或經驗，只是故事的版本之一，是人們重述故事的版本之一，這只是真相多重光譜之一環。」

一個「垃圾桶媽媽」的角色當然要比家庭治療師還要「涉入」，她也可能無法拒絕當家人情緒垃圾桶的角色誘惑。然而，賀琳．安德森的「多重現實」意見還是頗具參考價值：收「情緒垃圾」也要懂得運用「垃圾分類」的道理，倒垃圾的家人

也不要以為倒完就沒事了，到了最後，稱職的「垃圾桶媽媽」是要孩子和家人學會看待問題的方式，她腦中的「垃圾」要適時消解、焚化，不能一直的堆積著。

牢騷、對別人的批評、怨懟如果一直堆積在心裡，其實有礙心理健康，然而，任何人都不可能將他人當成免費的「情緒垃圾桶」，最後卻無須付出任何代價的。

建議在家裡設置一個「情緒垃圾桶」，家人把日常生活裡心中累積的不滿、怨懟、情緒和意見都寫下來，投進這個「垃圾桶」中，但是除非當事人容許，沒有人能夠來翻看。累積一些後，固定把這些「垃圾」清理、焚化掉，象徵你這些負面的情緒能量已「丟進垃圾桶」，從此，不會再影響你了。

42 關不關門，都是難題

孩子的房門，要不要有門鎖，隨著家人生命周期發展，常會成為親子過招的難題。

我家的情況比較特殊，兒子讀國小階段，喜歡玩門鎖，玩法就是把喇叭鎖按住，把門反鎖起來。我們常要記得鑰匙的位置，當兒子鎖門後，告誡他一番，然後拿鑰匙開門。但是，要小心不讓他看見鑰匙藏在哪裡，免得他丟了鑰匙又去鎖門，家附近的鎖匠伯伯就有生意上門了。這種戲碼，直到他上國中，才逐漸失去興趣。我後來覺得，兒子其實是對用鑰匙開門這件事感到好玩，卻不知道大人們為此傷透腦筋。

正常兒的家庭裡，孩子還小時，房門通常不會真的上鎖，父母可以自由進出孩子的房間；孩子說不定也不希望房門上鎖，房門鎖起來，他一個人在裡面，還會感覺害怕。

許多父母也常不清楚，什麼時候眼前的小男孩小女孩，已長大到要把房門上鎖了。有位姓朱的爸爸對兒子房門要上鎖這件事，表現得非常在意，兒子小強已經進國中，仍不准他用朱爸爸無法打開的鎖，朱爸爸的理由聽起來頗為正當：「現在的國中生早熟得很，又容易受外面影響，如果他的房門可以上鎖，我就不知道他在裡面做些什麼、藏些什麼？」兒子小強的房門不是不能上鎖，他在裡面時，爸媽也要給他起碼的尊重，想進去也會先敲敲門，然而，那個房門其實可以用硬幣輕易打開，或是爸媽另有備份鑰匙。

有一次，小強鎖起門，爸爸要他開門，他不肯，剛好爸爸一時找不到備份鑰匙，情急下竟然用力敲門：「小強，你到底在裡面做什麼見不得人的事，為什麼不敢開門？」言詞間，滿是對兒子的不信任。

對爸爸的粗魯行徑，小強當然也相當不滿。他在房間裡又沒有做壞事，只是想在家中有個屬於自己的空間，想把門鎖起來，變成一種個人隱密的象徵，其實，孩子長大到這個階段，總會有這種想擁有隱私的需求。

台灣父母對未成年孩子的隱私權，原本就不太重視，談到隱私權，就會先抬出管教權的大帽子，翻信、查書包、看伊媚兒是許多未成年孩子的共同遭遇，國中生

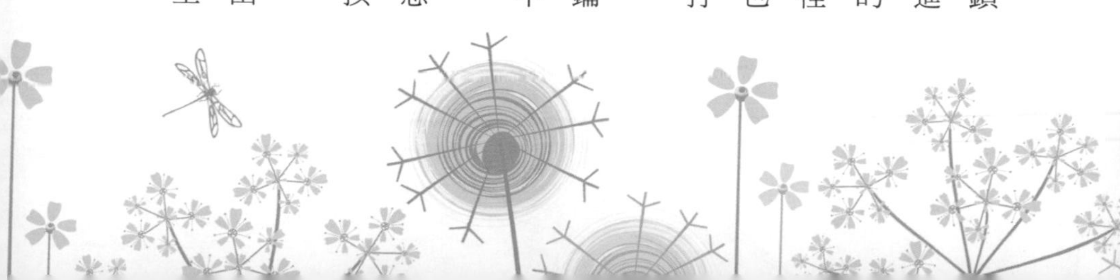

其實是個有點模糊、尷尬的階段，父母心目裡仍將國中生當作小孩子，但國中生卻開始會出現自己的各種主張，其中的種種糾纏情結，也不是一句「青春期」、「反叛期」就可以解決的。後來，朱爸爸一直沒有對小強門鎖的事做出讓步，小強後來靠節省零用錢換了一副門鎖，但他也學乖了：只要爸爸來敲門，他就會立刻來開門。朱爸爸雖然後來知道了換門鎖的事，也沒有拆穿，父子的門鎖戰爭，暫時舉起了免戰牌。

經過幾次新聞事件帶動的公開討論後，未成年孩子的隱私權逐漸形成為一種觀念了，父母對檢查孩子的信件、日記或其他文書，大概都會有點投鼠忌器。然而，孩子進入青春期和門鎖，卻是個灰色地帶。許多家有青春期孩子的家庭，父母始終沒有把門鎖擴大、納入隱私權範圍裡。我將朱爸爸和小強的紛爭詢問過不少父母，徵詢他們的看法，大多數父母都希望至少有備份鑰匙，不主張完全釋權。

我尊重這些父母的想法，但我建議從孩子進入青春期後，權力要慢慢的放，讓孩子也相對的學習對自我義務的尊重。門鎖，以及一把屬於孩子，也只有孩子才擁有的鑰匙，就當作成年儀式的禮物吧。

43 穿衣鏡：一面老實的魔鏡

偉大的英國小說家王爾德寫的《葛雷的畫像》是對穿衣鏡最好的禮讚，對人和容貌最無情的提醒。小說裡，葛雷青春永駐，數十年來，他站在穿衣鏡前，看到的始終是年輕貌美的容貌，直到魔咒破除，畫像跟容貌才在一夕間衰老。

同樣是英國人，維琴妮亞．吳爾芙的《美麗佳人歐蘭朵》，也有青春永駐的本事，所以，小說裡有多次寫到歐蘭朵站在穿衣鏡前，欣賞自己容顏的片段。如果我們也常站在穿衣鏡前，看見的卻是自己日漸走樣的身材線條、皺紋、面皰和各種隨著歲月而言的缺點，或許會想辦法打聽，王爾德和吳爾芙使用的穿衣鏡，到底是那種品牌。或者，那到底也只是小說家偶而站在穿衣鏡前，靈光閃過的補償式的幻想。

太常看家裡的穿衣鏡，要嘛會使人產生過度的自信，要嘛讓人愈看愈覺得自己不對勁。從來，就不會是它的名稱所提示的功能那樣，僅僅是面用來「穿衣」的

「鏡子」而已。

對了，喜愛幻想也不僅是小說家的權利，《格林童話》裡白雪公主的後母皇后，看的那面鏡子，應該也是面穿衣鏡。「魔鏡魔鏡，誰是世界上最美麗的女人？」

這年頭，想當面老實的鏡子也頗辛苦的。

賴媽媽長的應該不輸給後母皇后，她個性外向，喜歡打扮得漂漂亮亮，把行頭都穿戴在身上，出外與朋友哈啦。賴媽媽的兒子卻內向害羞，遇見陌生人就臉紅，母子形成強烈對比。

常有賴媽媽的友人第一次看見她兒子，總會以對賴媽媽的印象規格與他打招呼，然後悄悄與賴媽媽耳語：「奇怪，妳兒子一點也不像妳。」有幾回，音量剛好足夠讓兒子聽見，這就像觸碰寄居蟹露出的鉗，牠會嚇得縮進殼內，更不想出來。

母子間如何個對比法？站在穿衣鏡前，賴媽媽是左顧右盼，覺得自己抓得住青春尾巴，穿什麼都好看，她心滿意足地準備出門去。兒子站在穿衣鏡前，卻怎麼看都不對勁，愈看覺得自己愈醜，鼻子生粉刺，牙齒有蛀牙，眼睛沒有雙眼皮。離開穿衣鏡，兒子的第一句話總是：「媽，我身體不舒服，能不能不要跟妳去？」

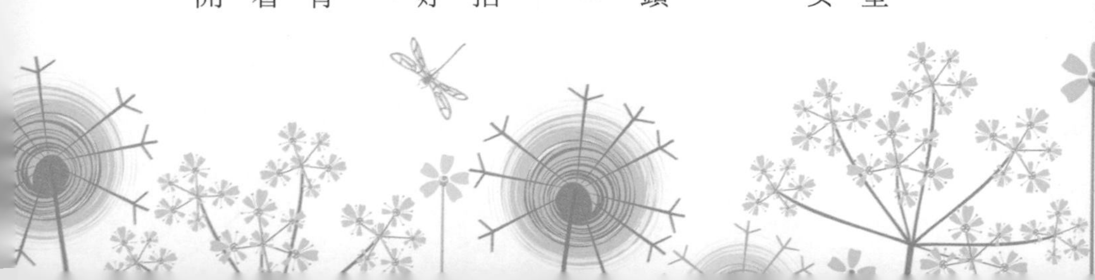

硬將兒子帶離穿衣鏡，參加外頭的社交場合，顯然也不保證就是個好辦法。賴媽媽發現，她無法阻止朋友圈對兒子品頭論足的習慣，兒子也常忽視正向訊息，擴大那些負面的評價，一點小小的人際挫折，都會被兒子解釋為重大的人格失敗。尤其，兒子進入青春期後，賴媽媽注意到兒子對女孩子發生興趣，卻因為強烈的自卑感缺乏正常的社交能力。有次，兒子悄悄問她：「媽，我真的是妳生的嗎？」賴媽媽開玩笑說：「我也有點懷疑呢。」不，賴媽媽趕緊澄清，只是開玩笑的，免得又加深了兒子的自卑感。

其實，一九七五年史坦福大學心理學教授辛巴鐸所做的害羞調查中，害羞內向的人比例高達四十％，從阿德勒、辛巴鐸到「理情治療學派」創始人艾里斯都說自己有過害羞內向的童年和青少年時期。艾里斯小時候不惜一切想避開讓他困擾的社交場合，以「保護」自己的害羞，但這卻不妨礙他長大後成為一代心理治療大師。

融合大師們的經驗和意見，父母們不妨試試給害羞內向的小孩一段「穿衣鏡訓練」，不要品頭論足，盡拿孩子跟熟悉的偶像比。放棄自己的小孩長得像金城武的想法，讓站在穿衣鏡前的孩子至少講出一個自己長相、模樣的優點，認同他的優點，鼓勵他接受自己的模樣，開始學習克服害羞感。

事實上，多年來心理學研究發現，站在穿衣鏡前，沒有人會完全滿意自己的樣子，就連名模明星，也常說他們不敢站在穿衣鏡前。父母有責任讓孩子接受、喜愛自己，很多實質的心理轉變，都從穿衣鏡前開始。

如果父母們發現孩子站在穿衣鏡前，面露愁容，失去了笑容，雖然不能鑽進去他們的腦袋，單從表情判斷，他們肯定沒有感受到太多正面的情緒。試試看和孩子來個「穿衣鏡前的微笑」競賽，規定、鼓勵站在穿衣鏡前就一定要微笑。把穿衣鏡想像成照相機的鏡頭吧，人在微笑時表情是最好看的，多看見自己微笑的樣子，也是種內在的鼓舞。

44 美少女內衣

原來，我想必已進入讓人放心的年紀，有一天參加聚餐，幾位女性親屬在我面前，談論起給進入青春期的女兒穿「美少女內衣」，質料、價錢、哪裡買什麼的嘰嘰喳喳。內衣？不就是那薄薄的一件嗎？為了展現我對女性內衣的豐富知識，我終於找到縫隙插上一句：「當然挑罩杯大一點的。」沒想到，在場所有女性全向我狠狠瞪一眼。

我心裡聯想的是徐若瑄、王心凌、楊丞琳，想當然耳，覺得媽媽們會關心的不外是痕跡和罩杯尺寸。然而，「美少女內衣」可聯結到每個女生的成長回憶，從乳房與胸圍的發展開始，徘徊在長大或遮掩的心緒間。

男生簡單許多，從青春期起，關心的那件事可延續五十年，但有項研究指出，青春期女生不喜歡運動、缺少運動，就和胸部開始發育息息相關。有個年輕媽媽說，要給胸部提前長大的女兒穿胸罩，女兒也不願意，說班上其他女生都沒有穿。

上體育課時只好請假，或在一旁觀看，不下場運球、打籃球。

家裡有兄弟姊妹時，青春期女生這段身體與內衣史，總是與家裡男人隔絕開來，彷彿彼此的望視間隔著片性別的簾幕，小乳房的發育與定型，往往變成母女、姊妹間的秘傳，就連爸爸、哥哥都不知該如何關心起。獨生女家庭多了以後，討論比以前公開，經驗的傳承或可討教的對象卻變稀薄了。小君媽媽就一直認為，給唸國小五年級的女兒穿厚一點的健身內衣就可以，她也不記得自己青春期有什麼特別的處理。結果，辦公室一票好友非常惋惜地看著她才三十五歲就已接受地心引力感召的胸形，搖頭，警告她不要由於自己的輕忽，讓女兒步上她的後塵。於是，她開始加入尋找美少女內衣俱樂部。

我會知道小君媽媽的故事，也是在這次的聚餐。整理偉大母親們的意見，美少女內衣不是魔術胸罩，不是調整型內衣，不能放鋼圈，長大後必須保證不變型，穿上時又不能過於明顯，那美少女內衣到底是什麼？難怪英國科學家把研發一件「魔幻胸衣」，當成下一階段的發明挑戰。

突發異想，老祖宗穿的肚兜，說不定就是英國人踏破鐵鞋尋找的神奇發明。幾位媽媽又狠狠瞪我一眼，要國中女生穿肚兜上學，虧你想得出來。

45 書包

曾經有則新聞，為了某校老師檢查孩子的書包，家長提告，掀起一陣新聞風波。但放下社會版，回到家庭親子版，我常發現關於書包，還有一種狀況：孩子自己，尤其是男孩，常常不會整理書包。

啼笑皆非（應該說哭笑不得比較實際）的家長說，放著一個禮拜不管，兒子的書包底層有飯屑、啃完的雞骨頭、臭手帕、壞掉的文具、零食附送的玩具殘骸（因為，都玩壞了。），找了很久，才終於找到幾本書和筆記簿，委屈的塞在角落。

看不過去的家長顧不得「孩子的人權」，強制實施分類。有個媽媽和導師商量，導師建議買A 4尺寸，附拉鍊的軟膠套，將書本和筆記簿放進去，與其他物品隔開。想起有位剛踏出校門的實習老師寫道：「某某同學，為什麼你的課本永遠油油的？」但是，好景大概只維持兩天，他總要把書本拿出來上課，卻沒有再放回膠套。整個書包看起來，仍像市政府發的專用垃圾袋。

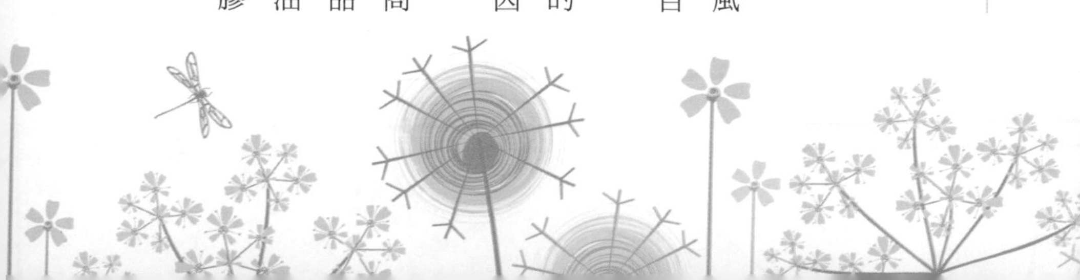

如果家裡的孩子也有一個這種書包，有理由懷疑，他們是「無組織型」（disorganized），也沒有好好學習組織、整理的技巧。有位心理學家主張，小學階段學習做個「有組織能力的學生」，才能保證日後生涯的成功。底下這幾個策略，就是出自心理學家的建議，平常在家哩，父母們就可藉這些簡單的提醒來幫助孩子。

其一，幫孩子清理書包，必要的時候也清理書桌和櫃子，協助他分類，想辦法要他把東西放好。對無組織型的孩子來說，「分類」往往是非常難達到的任務。

其二，分出哪些物件是絕對必要的，包括書、筆記簿、連絡本、便當盒、文具，總不能每天都不帶這些東西去上學吧。

其三，依據主題或科目來為書本和筆記簿做分類，如果孩子是依據尺寸把書本塞進書包，最少幫助他容易找到書本。

其四，了解你孩子日常作息的情況，你會不會給他安排了太多的活動，讓他連好好整理書包的時間都沒有，或是不同活動所需的物件，都擠在同一個書包裡？

最重要，也最常忽略的一點，書包其實塞滿了教育和家長對孩子的期待，所以，會不會父母過度的期待與過多的功課，形成了孩子書包的重擔？台灣學童的書

包重量，在全世界可是赫赫有名的，我們卻沒有好好的教孩子，該如何組織、善待自己的書包。

試試看，跟孩子討論他對書包的看法，其實，背後真正的用意是想瞭解，孩子怎樣看待我們所安排的教育活動。

46 彩色筆

隨手拿小姪子書桌上的彩色筆寫字，一會兒，墨水即告乾涸，寫不出顏色。我心裡想，還有很多種顏色的嘛，說不定小姪子不會發現，就算發現了也不會在意。

十分鐘後，小姪子開始驚天哭功，使盡力氣放聲大哭，「我的藍色沒有了。」

「嘿，」我提醒他，「還有紫色啊，紫色和藍色是同一色系的。」

「不要，」哭得更大聲了，「我就是要藍色。」隨即，家裡的大人聞聲前來，「有那麼多筆，為什麼要用姪子的彩色筆？」

「這麼吧，我們去文具店買一盒還你。」小姪子擦擦眼淚，點點頭，自動穿上大衣，牽著我走到附近的文具店。我問看店的小姐：「你們店裡最多種顏色的彩色筆，有幾色？」小姐說，四十色吧，以前有一種一百二十色的，已經缺貨很久了。我想，四十色應該夠用了吧，買了彩色筆，讓小姪子戰戰兢兢提回家，一點也不誇張，一路上他就是這副表情，大概從沒有看過這麼多種顏色。

過兩天，找機會問姪子使用新彩色筆的心得，卻發現他還在用乾掉好幾枝的那盒，努力在線條繪本上塗顏色，他媽媽悄悄說：「他說顏色太多了，不會用，因為繪本上用不著那些顏色。」

我們小時候應該也在那種繪本上塗過顏色，就是已描好線條，然後在區塊內規定要塗什麼顏色，一塗好色，一幅圖案也就完成了。許多人的色彩觀，包括對調色的觀念，都接受過類似的啟蒙過程。然而，會不會我們太早給了一種顏色秩序的想像，屬於和諧、調和的寫實或印象派，卻激不起孩子們該有的美術創意？

印度小孩大概不會得到彩色筆。我卻一直羨慕他們運用荳蔻、香料、植物、礦物來製作顏彩的教養方式。從印度孩子的眼睛望出去，天地都是顏色，沒有被拘禁在繪本的線條間。

童年時，我們都嚮往過擁有一盒最多種顏色的彩色筆，每種顏色都各安其份，井然有序。然而，許多人對色彩的幻想卻始終停留在那裡。直到現在，我看到路上跑的車輛，就會聯想起小時候的一盒彩色筆。看著小姪子在車子的線條裡塗顏色，我問：「有沒有那種車子的顏色，是彩色筆找不到的呢？」

小姪子睜大眼睛，顯然又要展開驚天哭功，「媽，有人欺負我……」

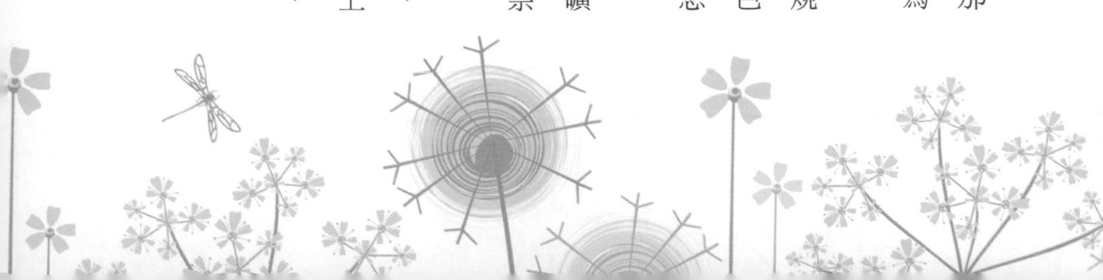

47 給害怕閱讀的孩子們

擁有同理心，從文字的字裡行間理解他人的心靈，往往是閱讀力的開始。過去，當人們對同理心還不算多時，遇到有閱讀困難障礙的孩子，只能用強迫填塞的方式，要求他們擴大閱讀經驗基礎，卻反而揠苗助長。

如果，你家裡有遭判定為有閱讀困難的孩子，或是有這種教學需要的教育工作者，試試心理學者麥可．柯（Michael Cole）提倡的「問問題閱讀」（Question-Asking-Reading，簡稱ＱＡＲ）。這個方法改良自一九八二年安．布朗（Ann Brown）和安瑪莉．帕琳斯卡（Ann-Marie Palinscar）的「閱讀對話法」，老師和學生先默讀一段文字，再進行對話討論。他們先一起給這段文章下結論，澄清理解方面的問題，問一個關於這段要講什麼的問題，接著預測下一段文章的內容。

麥可．柯的方法則讓過程變得更有趣，也更富戲劇性，即使沒辦法讀完整段文章的學生，也可以參加。首先擴充參與的角色，並挑選會讓孩子感到有興趣的文章

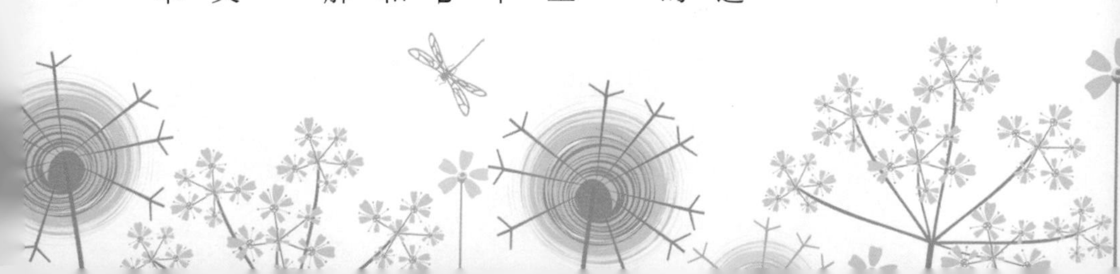

內容。

活動開始前，將每個角色的任務印在卡片上，老師和學生都要擔任至少一個以上的角色，這些角色包括：「負責問文章中很難唸的字」、「負責問文章中很難瞭解的字」、「負責問文章段落的大意」、「負責挑選回答問題的人」、「負責問接下來會發生什麼事？」

開始時，每個人都要讀文章，寫下字句、重點，同時也分派角色。為了讓活動熱絡起來，會在黑板上寫下活動進行的程序。

實行過許多次QAR後，麥可．柯相信，這套方法可有效幫助有閱讀困難的孩子。當然，閱讀的興趣也不單侷限在對那段文字的理解與培養同理心而已，麥可．柯也試過「長大」與「閱讀」的關係這類題曰，先讓孩子設定自己長大後想做的事與現在讀會這段文章的關係。如果他們以後想得到文憑、找到理想工作（長程目標），他們的短程目標便是「讀通這段文章」，通過測驗、成為老師的小幫手（中程目標）。於是，閱讀與整個人生的關係便建立起來了。

針對閱讀能力不強，或者對文字原本就害怕的孩子，麥可．柯建議無須提供過於艱難或「正確」的文章，只要是一則簡單的故事或是小短篇，開始後從閱讀

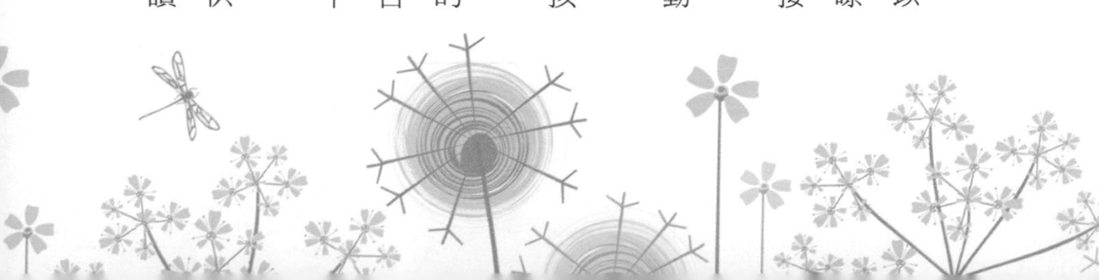

討論起。如果你想瞭解這種策略所應用的心理學原則，或許這就是發展心理學家柯特尼．卡斯登（Courtney Cazden）一九八二年所說的「從最近處發展起來」（proximal development）原則。

48 善用冰箱，家人情感常保鮮

觀察一家人的衛生習慣、品味和吃下些什麼食物，最常看哪裡？其中，冰箱絕對排很前面。

生活習慣好不好，當然，也是看這家人使用冰箱的方式。你不要以為，虛長幾歲的爸爸、媽媽就比較懂得善待冰箱。我就認識有個媽媽一次買一大堆菜，吃不完的剩菜全塞回冰箱，想到時再拿出來解凍吃；過沒幾天，魚肉菜飯，煮過沒煮過的全攪和在冰箱裡，互相傳染細菌。前陣子有新聞指出用保鮮膜也無法阻隔細菌，有些主婦才恍然大悟回去清理冰箱，說不定發現一些陳年的漏網之魚，像保存期設定在上個世紀的罐頭，發酸的牛奶，拜拜後吃不完的雞塊，一起成為冰箱的「長期住戶」。有位職業婦女說：「除非你下定決心，定期把冰箱裡的東西全清出來，不然，正常家庭生活下的冰箱，多半不出這副德性。」

正常家庭生活下的孩子，好像也不太懂得如何正確使用冰箱。看過有幼稚園大班的孩子把奄奄一息的金魚冰進冰箱，也有國小生把穿過的襪子放在冷藏庫，只因為其中有個功能鍵稱為「除臭」。如果稍稍調查孩子們心目中冰箱代表的意義，答案絕對出乎意料，那位放金魚的男孩認為冰箱能延長保存期限，不管死活一體適用。有個國中女生一想到冰箱就咳嗽，因為每次感冒看醫生回來，媽媽都會把咳嗽糖漿冰在冰箱裡。也有個小男孩把打開冰箱門當作對媽媽權威的挑戰，以前，只要冰箱門打開太久，媽媽就會罵他浪費電，「要拿什麼想好再開冰箱，我們家又不是開電廠的」。

節能減碳成為流行口號後，這類親子過招的戲碼據說更加的頻繁，政府機關宣傳「拔掉插頭可以省電」，家裡的電器用品，唯獨冰箱的插頭不能拔，有些小朋友就抓住這點跟媽媽作對，媽媽一罵他就去拔掉冰箱插頭，或是故意打開冰箱門不關，害得媽媽老是緊張冰箱內的食物不夠保鮮，心頭有陰影。

遇到這種狀況，當然不能怪冰箱，冰箱只是親子過招時的出氣筒。然而，建議買個功能好一點的冰箱，遇到斷電會自動發出訊號，或是還能維持一定冷度的，好好的與孩子溝通，媽媽罵他是為了什麼理由，冰箱門開太久本來就是會浪費電的，不要再找冰箱的麻煩了。

家人的衛生與飲食習性如果有衝突，或許可從協調冰箱的使用方式，當作「同中有異」溝通的開始，畢竟，每個人喜歡吃的東西都不一樣，但是家裡如果只有一部大冰箱，不妨畫分出幾個空間，最重要的當然要有個「共同區」放一起要吃的食物，其他如冷藏櫃的第一排給婆婆、第二排給小叔，第三排給爸爸、第四排給媽媽，兒子女兒每個人各有一區，彼此尊重飲食習慣，當然，前提是有味道的食物要妥善處理，免得一個愛吃大蒜的家人，搞到所有人開冰箱都要暫時停止呼吸。

買冰箱應該是全家總動員的大事，依據這家人的人口數和親屬結構再來決定冰箱的功能和尺寸，最好，連冰箱的顏色也可一起決定。同時，讓每個家人在冰箱裡都有個專屬區，也是一個互相學習尊重的開始。

49 黑膠唱片

音樂學者說，我們在青少年時期聽的音樂、喜愛的歌曲，就會一輩子聽下去。印證家庭成員的經驗，頗有道理。本來，也可以相安無事，只要大家不住在一起。

偏偏，即使在小家庭，甚至是三代同堂，當音樂齊鳴時，就像是不同時代的青少年聚在一起吵架。轉換成視覺，你能想像旗袍、蕾絲裙、迷你裙和牛仔褲穿在同一個女人身上的樣子嗎？

三代同堂的家庭成員形容，家裡的房間就像音樂的時光隧道。打開祖父的房門，你將聽見京劇花腔和鑼鼓點；爸爸的青少年則仍沉迷在六〇年代民歌和叛逆的搖滾樂裡，他最喜歡的歌手是包比狄倫，一直批評現在的搖滾樂欠缺「思想和精神」。爸爸一度試圖將對包比狄倫的喜愛交棒給大兒子，大兒子則認為那是種搖籃曲，聽說狄倫兄已過六十歲生日，立刻打退堂鼓。

媽媽和祖母恰好是「群星會」那一掛的，她們大概以為，自從「群星會」停播

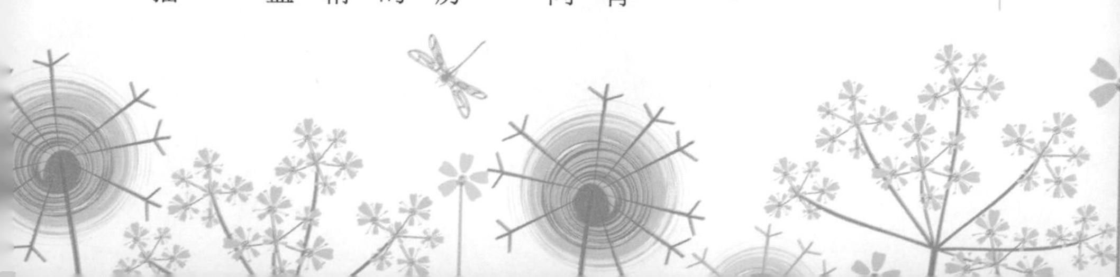

後，台灣就再也沒有出過歌星了，而「南屏晚鐘」是她們點播率最高的一首歌。客廳的音響掌控權落在這兩個女人的手上時，男人藉口不回家吃晚飯的機率也相對增高。

家裡的小妹不太加入音響爭奪戰，看似弱勢，但她的ipod和MP3，卻最具有現代蔓延性格，帶著就走。日前，她還在五月天簽唱會上加入「高分貝尖叫行列」，展現一副天生的好嗓子。

這樣，總能相安無事了吧，偏偏客廳的CD音響仍是兵家必爭之地。音樂學家說，聽音樂時，我們都會有讓別人一起聽到的衝動，怎麼辦呢？最後只好明文規定使用時段，這家人唯一的交集是古典音樂。只要超過三個人聚在一起的時刻，一律只放古典音樂，誰也別爭。

這陣子，六〇年代過青少年期的老爸有點懊惱，他以前買的黑膠唱片要不扭曲變形，就是早在家裡換CD音響時當廢鐵賣了，沒想到近來吹起黑膠唱片風，還有廠商高價收購。這位老爸終於體會自己老爸跟他說過的話，關於家裡的老東西要保存下來，將來會很值錢的道理，可惜當時他一點也不信邪。

兩年前，迷上嘻哈音樂的兒子，拼命拿家中的黑膠唱片去做效果，一度讓老爸

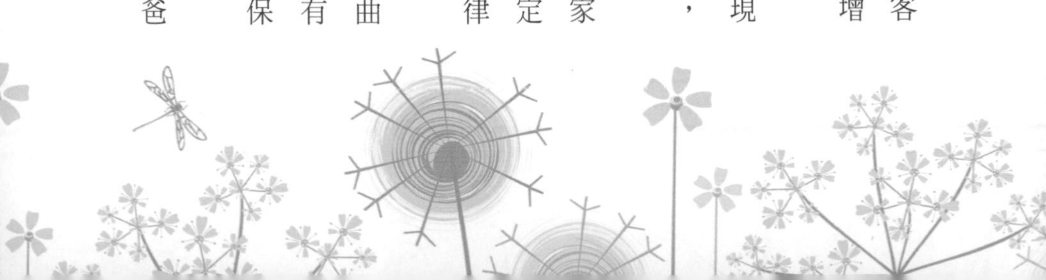

自嘲是「資源回收」，現在望著刮痕累累的唱片，後悔都有些來不及了。後來老爸到古董店抱了台真空管的唱盤回來，把客廳的CD換成黑膠唱片。當時他講了句很有哲理的話：「要讓你喜愛的音樂傳下去，就要孩子從青少年時期開始學習聆聽。」不過從此以後，連媽媽和祖母都不回家吃晚飯了。

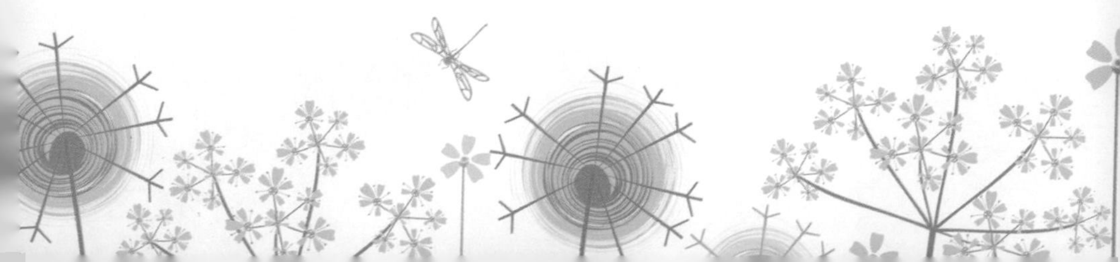

50 搖控器人格

久久換一台電視機，會配個專屬遙控器，總要學一陣子什麼靜音、定格、雙語功能；電視訊號還有數位、類比電視的分別，等到學得差不多熟練後，遙控器總會在此時故障。

拿遙控器到這家電視廠牌經銷店，店員說，遙控器要配電視，沒有單獨賣的，那麼壞了就是壞了，怎麼辦？最後帶著一顆惶恐徬徨之心，到大賣場買萬能遙控器。

萬能遙控器就是，各種廠牌的電視、音響、冷氣都適用，但是，沒有原來過於複雜的功能。到頭來，精密科技電視機裡的精密功能，從來就派不上用場。我對一種號稱能邊看電視邊倒轉、放慢的功能就感到好奇。不過，讓我感到安慰的是，大部分人在家看電視，也從沒有用過那個功能。

萬能遙控器，其實，也不是那麼的萬能，這和某些瘦身產品的廣告意涵大同小

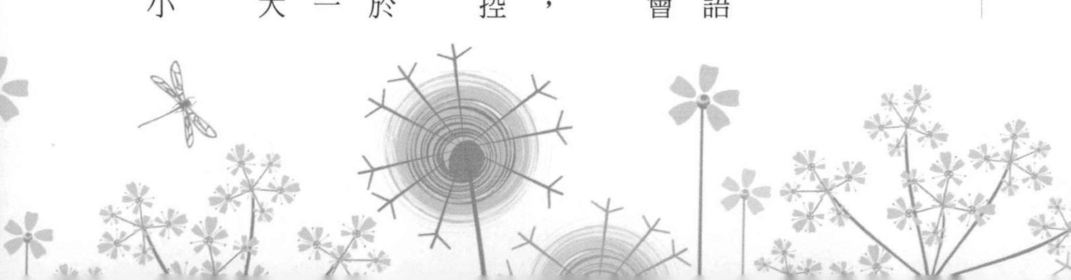

異。依照使用說明書，不同廠牌各自有號碼，你得在紅燈閃爍後兩秒內鎖定。剛買萬能遙控器，我就為不能及時反應搞得手忙腳亂。最近整理房間，從抽屜找出一堆萬能遙控器，但遙控器不能再啟動什麼後，幾乎也失去了存在的價植。每個人家裡的一堆遙控器，其實更像是電氣時代的紀念品。

電影《命運好好玩》（Click），把一具神奇的遙控器控制自己、他人的人生描寫得活靈活現，在男主角亞當山德勒眼裡，不快樂的事情可以快轉，快樂的片段則可連結、跳躍，最後他才發現，自己錯過所有人生的事件，這就像吸迷幻藥，只會記得精神high時的迷魂快感，卻忘記當初吸藥的情境和理由。

我從不認為《命運好好玩》的劇情合邏輯，然而，卻想對編劇說，當亞當山德勒按快轉，別人眼裡，他是在場的，卻只是具沒有靈魂的軀殼，完完全全失去記憶和感知功能，這種說法，於我心有戚戚焉。我們常說，家裡誰握有遙控器誰就是老大，然而，那天我才對一個拿著遙控器，在六十秒內轉過六十個頻道的人提出質疑：「你浪費了生命的六十秒，到底得到了什麼？」他說：「有，我知道家樂福在打折，印度有人生了四胞胎。」

但是，政府、政黨和媒體主卻非常在乎遙控器落在誰手裡。美國媒體和心理學

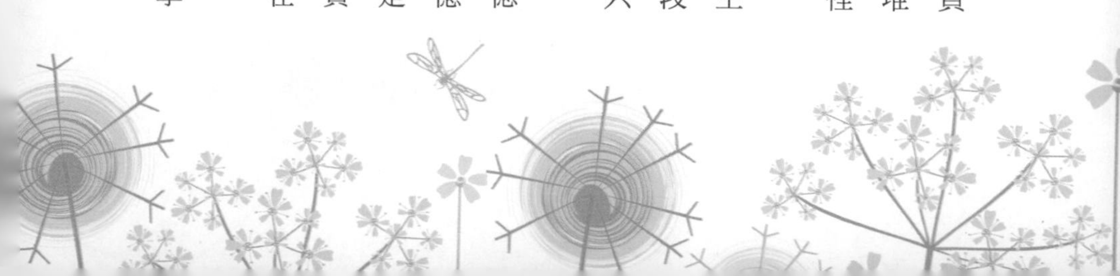

者主張，在媒體霸主一面倒向電視傾倒訊息時，觀眾的反制方法就是：運用遙控器的轉頻道功能，決定想看什麼，不想看什麼，哪些節目才能出現在家庭裡。也就是用遙控器向媒體反應，到底誰才是真正的老大。別小看遙控器，它讓我們裝置自己的「電視收視環境」。

然而，精神分析語彙裡面，「遙控器人格」並不是「愛當老大」的意思，想像一個懶懶躺在沙發上，拿著遙控器猛按的小孩，你會想到什麼？（如果夠真實的話，把那個小孩想像成你自己。）眼神失焦，注意力飄浮在一個個聲光影像間，意識和訊息並沒有真正進入意識層面？我們對此人格診斷不脫：「表面上興趣廣泛，卻沒有真正關心的東西；對於『獵取』的興趣高過『探索』；冷漠疏離，可能屬於注意力失調症候群。」

發源自一百年前歐陸的精神分析，對電視時代的搖控器人格，想像力當然追隨不上來，不過，我覺得可借用精神分析學家拉岡的「主體破碎」（沒錯，有哪個頻道的主體是完整的）和「嬰兒鏡像與自戀人格」（嬰兒看見鏡中自己的影像，是自戀的第一步。學者發現，強迫性猛按遙控器的小孩，是鏡像階段的未滿足，也更有自戀傾向。），我們想理解「遙控器人格」，可能需要點實驗的精神，其實不難，

如果家裡有兩個小孩，第一位看電視就一路專心看到底，從不轉台；另一位，卻在頻道間跳來跳去，每個頻道的收看時間都不超過五分鐘。我們可試著將時間拉長看，比較他們在學習效果上的差異。基本上，台灣教育體制鼓勵的，是耐性和對情節脈絡的掌握，所以，會讓不轉台的那位孩子佔到上風。

有位媽媽說，誰家小孩看電視，不就是遙控器拿著猛按，在頻道間跳來跳去的嗎？什麼樣的情況，父母才應該警覺有問題呢？第一，要看是否已經成為習慣，偶一為之無傷大雅，但每次一打開電視，將近半小時還在按遙控器，不是電視節目太難看（不過，這麼難看，也請他不要再看了。），就是這個孩子屬於飄浮型人格，更須瞭解會不會有注意力難以集中的症候。

第二，家中小孩被允許掌握遙控器的時刻，常是媽媽忙煮飯、爸爸還沒回家（當然，我要聲明，這個描述只是種刻版印象），由於大人們都在忙，對於孩子的收看內容、習慣，也疏於瞭解，所以也不清楚孩子有沒有「遙控器人格」。建議父母要花時間瞭解孩子的收視內容，再找適當時刻以輕鬆的口吻問孩子：「你看的電視在講些什麼啊？」從孩子的回答裡，或許可進一步知道，孩子的學習和人格類型。

還有一個方法，值得一試：給孩子一個專用的遙控器，但事前鎖定只能看幾個頻道。告訴孩子，大人不看時他可以使用遙控器，讓他們培養人生的第一個自主感。感覺上，真有點電影《命運好好玩》的味道。

51 搖籃

孩子大了後，已有一段時日沒有再逛過搖籃店，想不到這幾年，搖籃已進步到還有日夜自動調節系統。大家先不要看價錢吧，有一種科技最先進的搖籃，到了晚上孩子差不多要睡覺的時候，會自動把布罩放下，調節溫度、濕度，還有星光效果，播放柔美的搖籃曲，一點都不需要父母操心。

最近才生第一胎的爸爸買了這種搖籃，也說他對效果很滿意，他非常得意地告訴我們，現在兩個月大的孩子每晚睡足七小時，不會再麻煩父母晚上還要起來哄孩子入睡。白天送到褓姆家，嬰孩也不會想睡覺，作息非常的正常。我聽到這裡，忍不住問這位爸爸：「你的嬰孩作息這麼正常，要不要考慮訓練打卡？」爸爸說：「可以嗎？這樣算不算生涯訓練？」不過，早了一點吧，大約早了二十年。

這位睡得如此香甜的嬰孩，其實符合當年教育學者舒波和哈克尼（Super and Harkness）針對美國都市嬰孩睡眠情況所做的調查，當時他們就發現，一個月大的

美國嬰孩，每天最長一次不間斷可睡八個小時。美國都會的爸媽白天都要工作，所以他們也會按照大人的作息來安排孩子，吃飯時間到了，便要餵孩子吃，就算不餓也照餵；睡覺也是，誰管孩子有沒有睡意，時間到了便開始唱安眠曲。剛生下來的孩子體內也許還殘留著大自然韻律，卻已迫不急待得要屈服於人類工業化的都市作息表。

但是，如此一來，有沒有後遺症？人們準時上下班只有一百多年的歷史，依循大自然的韻律卻已過了幾百萬年，從搖籃期開始，基因裡的韻律就和迎接我們的生活步調發生矛盾。當年，舒波和哈尼克還比較了肯亞鄉村地區的Kipsigis族，白天嬰孩由媽媽揹著，媽媽下田耕作、做家事、到左鄰右舍串門子，母嬰都在一起，累了，嬰孩想睡就睡，完全不會影響到媽媽。根據統計，該族兩個月大的嬰孩，晚上最長只睡三個小時，這種長度，在生命最早的這一年裡，都沒有太大的變化。

我把Kipsigis族的故事講給年輕爸爸知道，他聳聳肩：「那怎麼辦，我又不能帶著嬰孩去上班？」況且，讓孩子在晚上安穩地睡在搖籃裡，有什麼不對嗎？

想想也對啦，不過，我可沒聽說過Kipsigis族人長大後有失眠或睡眠障礙的問題。而文明人說不定從搖籃時期開始，就注定了日後數綿羊的命運。

52 電視

媽媽看電視時，女兒總是坐在旁邊，隨著情節段落和廣告時間試探地問：「媽，可以看卡通了嗎？」媽媽熬不過，終於說：「買電視又不是給妳看卡通的。」這場客廳裡母女的電視爭霸戰，據說每晚七點會準時上演一遍。

文化學者曾經形容，電視和家人的關係就像是聽訓隊型，每當螢幕傳出畫面聲音，家人全乖乖坐在客廳聽訓。華盛頓大學醫學系副教授狄米崔．克里斯塔基斯還形容電視是「客廳裡的大象」，無論如何，家長對這頭大象實在是又愛又恨。

大人怎麼看偏都不會學壞，但小孩看電視，種種戒條規則就冒出來了，大人聽來言之有理，暴力、情色、輻射、近視和耽誤做功課的時間，都會一一成為家規。

我聽過發展心理學家有種說法，讓孩子從小看電視，後來，他就只會透過「框框」看事情。有次，有位電視兒童長大的青少年跟我說，他不喜歡去看棒球賽，「因為沒有分割畫面和鏡頭剪接，我覺得有些不真實。」我想想也對，許多大人現

在也是看電視新聞了解社會的，喜怒哀樂隨著電子媒體的選擇而波動。所以，家裡的這頭大象不僅打翻所有的規則和秩序，還根本的改變了我們的世界觀。

不過，許多爸爸媽媽大概也沒有想過這層問題，他們比較關心的是，不要給孩子看太多電視，其餘就好談，孩子在電視前會接收到哪種資訊，他們也無法控制。那家媽媽規定小女兒每天看電視的額度是半小時，剛好就是她用來作飯，沒空管小孩的那半個鐘頭，媽媽想：「只要看卡通就沒事了吧。」但根據一份電視心理學的調查顯示，晚餐前的電視節目常有暴力暗示的情節（如大部分的超人、特攻隊、怪物戰士卡通都會傳達出，用武力解決問題的訊息，教育傳播效果也比老師講授的有效確實。），垃圾食品的廣告商普遍都知道媽媽們的作息習慣，大多數高熱量的食品廣告也集中在這個時段。所以，對於看電視來說，問題絕不僅在量，也在於質的問題，但直到現在，父母們多半還是在對看電視時間做「總量管制」。

關起電視吧，緊盯著日劇韓劇和電視新聞的父母們說，其實他們也做不到。心理學者說，其實電視對孩子的學習發展也有有益的功能，我非常同意克里斯塔基斯的一句話：不要只把看電視當作打發時間，或是永遠只把電視當成孩子的天敵，越禁孩子就越想看，所以「請做有思想的電視觀眾」。想清楚讓孩子看電視的目的：

是讓他們從中學習，打發時間，或只是你忙碌時的親情替代品？

在電視機前面，我們的腦筋其實常是自動關閉的，所以有人說，看電視會越看越笨是非常有道理的。那家媽媽感嘆，同樣的內容，孩子看電視字幕就比讀書看報還有效率，我說，你們母女就一起學習，跟家裡那頭大象好好相處了。

53 電腦遊戲

進入國小高年級、國中階段，父母常發現在他們和孩子間，出現一個強勁的對手：電腦。每天，孩子花費許多時間，和電腦遊戲耗，有些職業婦女下班後忙著趕回家，不是為了做飯，而是怕孩子跑進網咖，一進魔獸和天堂的世界，如同魂被勾走，就怎麼也叫不回來。

有個個性溫和的媽媽形容，面對電玩的強大妖法，她只好動用親情，一再的呼喚：「別忘記你還有愛你的爸爸、媽媽、奶奶和妹妹喔。」如果孩子仍沉迷不悟，最多加一句看來最正當的理由：「別打電玩荒廢功課。」

面對媽媽的大魔獸攻擊，孩子的防禦值也不差：「媽，如果做功課跟電玩一樣有趣，我絕對不荒廢。」這席話，讓不知電玩有什麼好玩的媽媽有些氣餒。

媽媽們，別擔心，現在真的有教育學家運用電動玩具的概念來設計教學活動。美國有家田野學院（Field College），大概有些宜蘭華德福實驗學校的性質，他們

就設計了一套「第五向度」（the Fifth Dimension）的教學活動，大幅的提昇學員的學習意願和興趣。

電腦遊戲最重要的原則就是「過關」，「第五向度」也分成二十一個房間，每個房間有一到兩項任務，學生完成後可得到一枚代幣和記錄卡，顯示他的進度。整個活動會有名「無所不在」的巫師長，透過伊媚兒與即時通與學員保持聯繫，雖然學員們常不知道這個巫師長是誰，也不知道這個人是不是真的，但他們卻非常喜歡這種「網路聯結，實體操作」的感覺，當過完所有的關，或是照規定通過難度較高的幾個關後，他們會被封為「巫師助理」，說不定還能得到動章和證書。把功課或學習任務放進「第五向度」，感覺也會變得很有趣。

家裡面也大可應用「第五向度」，像是把家事或是寫功課分成幾關，把切菜、打蛋、洗米、洗碗或擺碗筷都當作一關，過一關可以得到一個獎品，全部過關可擁有一個頭銜，如「本周家冠軍」、「張家李家孩子王」，做完全部數學題封他「數學小王子」、「美術達人」。除了封號、頭銜這種榮譽外，千萬不要忘記實質獎品對孩子的吸引力。

不過，在家裡面，父母面臨的大問題是，怎樣擺脫原來跟孩子講話的口氣，設

計出一個「巫師長」（或「武林盟主」、「銀河藍帶武士」等等）與孩子上網溝通，讓你們的家瀰漫濃濃的電腦遊戲氣氛，而且，還不可穿幫。

有心試試看的父母，或可租《小鬼大間諜》（Spy kids）來觀摩。影片裡那兩個小孩可真的相信父母是秘密間諜，當父母身分未揭露前，他們早有這種感覺。嘿，感覺是很重要的，就算你其實也不是什麼間諜，給孩子這點想像的樂趣吧。

54 電玩成癮症

這樣想也許就對了，妳對著整天關起房門的孩子心想：「孩子，電玩雖然美麗，讓你魂迷神醉，卻是個女鬼啊！」

這天，一向好脾氣的妳終於關掉孩子打電玩的電腦。妳說，基測剩下幾個月，好歹每天花幾個鐘頭讀書，別整天打電玩。

孩子抬起一張由於少曬陽光而顯得蒼白的臉龐，揉揉惺忪睡眼，很不甘願的迫於妳的威望（「昨天打牌打輸了，把氣出在我身上。」，妳就承認孩子怎樣在msn裡形容妳吧。），拿起他好像已有些陌生的課本。妳很快又發現了另一個嚴重的問題：他的眼神飄忽，拿著書但根本無法集中注意力，藉口起來到處晃。

妳想起孩子讀小學時，每次從被窩將他挖出來上學，他總是賴著跟妳說：「媽，再睡五分鐘嘛。」真是美好的昨日，那時孩子晚上還可在書桌前坐個把小時

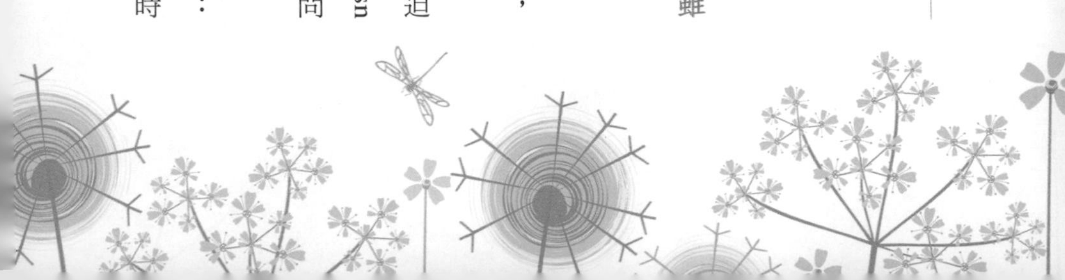

寫功課，還沒有那麼重度的沉迷網路電玩上癮症。

將孩子從「虛擬的電子世界」拉回來

妳和相同年紀的一群媽媽們聊到自己的孩子，媽媽們說：「現在，我孩子只剩下一件他能夠專心的事，就是打電玩。」妳小時候當然也玩過電玩，對於現在的網路遊戲比現實還複雜的畫面、角色關係和規則，卻只能表示百思不得其解。結論，妳們這群平均年齡超過四十五歲的媽媽們大嘆，這一代的年輕人怎麼辦呀？

妳當然很重視孩子的教養問題，現在的孩子生得少，每個人都當成心上的一塊寶，捧著，寵著，也分到了比妳小時候能拿到的多更多的零用錢，可以去買他喜歡的網路電玩。妳想，也許打電玩是孩子這一代的必經歷程吧，雖然妳一點也不懂，在花花綠綠的螢幕前搞到近視加深加上腰酸背痛有什麼好的。

妳讀了很多教育和教養的書，有些書作者後面的博士、顧問和專家頭銜都是妳買書的保證，妳越讀越不知所措，內心發慌。寫了許多本青少年教養暢銷書的卡爾．披克哈（Carl Pickhardt）在他的書裡告訴妳：「我相信把那麼多時間和心力花

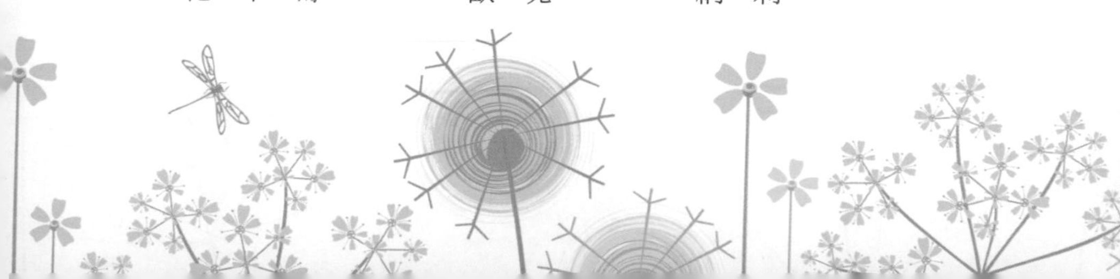

在電子娛樂上，對年輕人的身心成長會造成不良的影響。」

雖然這個專家的名字，讓妳聯想起在夏日夜晚和孩子、丈夫一起去吃的披薩，喔，那是多久以前的回憶了，最少，是在孩子整天在網路與朋友哈拉、關起門打整天整夜的電玩以前。妳望著披克哈博士印在封面底的嚴肅面孔，請您告訴我，我該怎樣將孩子從「虛擬的電子世界」（這是妳從書上學到的，另一個印象深刻，卻也讓妳大為緊張的專有名詞。）拉回來，像《倩女幽魂》裡的道士燕赤霞把甯采臣從他沉迷的鬼界拉回來一樣。

這樣想也許就對了，妳對著整天關起房門的孩子心想：「孩子，電玩雖然美麗，讓你魂迷神醉，卻是個女鬼啊！」妳自己當青少女時，也迷過《倩女幽魂》的張國榮，但至少沒有讓妳迷到完全忘記爸爸媽媽的存在。

所以，與其拿那些玩電玩造成的負面影響，如注意力不集中、過動、過度聲光刺激而造成的刺激饑渴症的文章（妳想，這簡直就是二十歲以下世代的最佳寫照嘛。）給孩子看，希望孩子懂得檢討改善。還有心理學家恐怖兮兮的提出ADD/ADHD（注意力缺陷過動人格障礙，Attention Deficit Hyperactivity Disorder），巴不得父母把每個每天玩電玩超過八個小時的孩子送去給他們治療，更有效的方式，

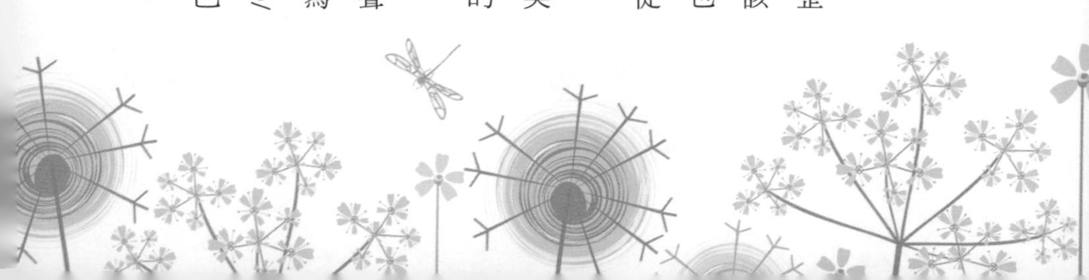

還不如送孩子一本《聊齋》。然後，孩子會回答：「《聊齋》？我兩年前就已經打過關了，有升級版嗎？」

神鬼通吃，以假亂真的電玩世界

面對電玩強勢的資本帝國主義攻勢和進襲，沒有一個單打獨鬥的父母有招架的能力。不信妳回想看看，現在電視上哪種類的廣告最多，電玩遊戲肯定有份，而且是從鬼到神統吃，讓孩子玩到昏天暗日，不知今夕何夕。妳只得無奈的這樣安慰自己：再長大點情況就會改善，等到他們腦袋清醒點，願意開始想前途的問題時，他們會回到書本上來的。第二，他們這一代都在玩嘛，妳不讓孩子玩，他跟朋友間怎麼會有話題。

想當個盡職的親職角色，注意，心理學家的報告有一件事可能正在發生：這群從小沉迷電玩上癮的孩子，長大後情況不會改善，他們已因為過多聲光刺激、零碎片段的圖像跳躍性思考，以及灌輸進過多以假亂真的偽知識，永遠的失去了學習的意願和能力，他們處事待人的能力變差，動不動就想以權力和暴力解決問題。大家

都在玩嘛，所以，問題更嚴重。

教育專家說，由於從小沉迷流連電子娛樂世界，這一代孩子的身心成長已經面臨停頓和倒退。從進化的觀點來看，網路電玩所呈現的刺激已超過人類大腦的負荷，讓以後的人類變成突變種般的怪物。

這件事情，可能還不會發生在妳家吧，妳仍肯定一直關在房門後的孩子，還是妳上次看到的正常少年。但是，做為父母，妳必須誠懇的問一個問題：是誰允許這樣的情況繼續發生在妳的家裡的呢？特別是，如果孩子還沒有賺錢能力，他那些稀奇古怪的電玩是誰買給他的呢？

如果妳不想讓孩子繼續蒼白的活在網路電玩世界裡，當妳偶而在走廊遇見他時，還不由自主的高喊一聲「鬼啊！」。電玩當然可以玩，妳小時候也迷過少女漫畫和小說的，但妳要有效率的規定時間。如果孩子已大，或已進入大學，妳要留意生活型態造成學習能力低落的問題。

這是妳的家。請妳務必確認妳、孩子和電玩的三角關係，如果妳是燕赤霞，孩子是甯采臣，電玩就是黑山老妖。

你應該做的是，別讓妖怪一直佔領妳家的電腦了。

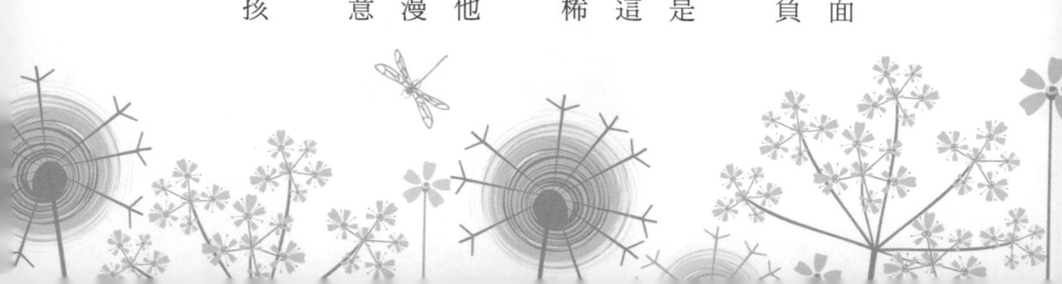

55 零錢筒

家門口玄關擺個小陶碗或什麼容器，爸媽回家，習慣把口袋的零錢掏出放進來，這是許多家庭常見的景象，日積月累，也存進了不少錢，好像是家裡的三不管地帶，然而，說不定也會引發親子間的金錢爭奪。

大人眼裡，這筆錢不算多，但要讓小孩拿去買小玩具，吃零食，應該綽綽有餘。順華家就有這麼一個零錢筒，看來多半是爸爸的貢獻。所以，從小順華除了零用錢外，還有這麼一處「金庫」，想買什麼，他就來玄關拿錢，抓起一把硬幣順勢往外走，自以為沒有人知道。

媽媽發現後，要爸爸改掉放零錢的習慣，但一來方便，爸爸也覺得只是些小零錢，沒什麼關係。所以，那個小筒內多半總有「八分飽」，沒有人算過裡面到底有多少錢。後來，媽媽在旁邊放了本記事簿，規定順華拿走多少錢，做什麼用途，都得詳細記錄。然而，媽媽事情忙，也從來沒耐心計算有多少錢，順華寫過幾次「買

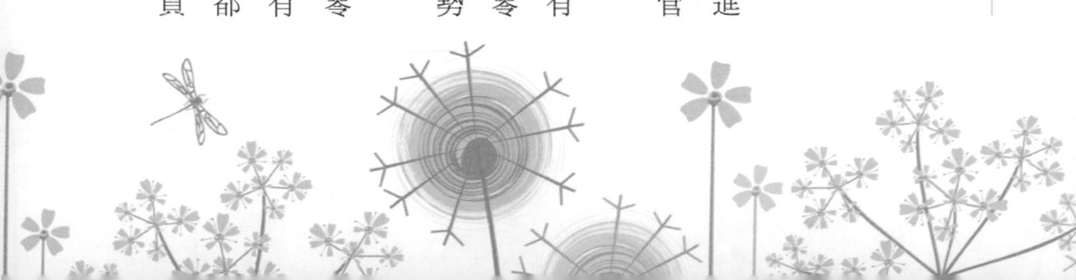

筆記簿」、「買上課用的材料」後，也懶得寫了。零錢筒內的硬幣也仍然來來去去，很像捷運站的兌幣機。

其實，我贊成媽媽的做法，對孩子的教養來說，即使只是小錢，但父母過於嚴苛或寬鬆的零錢政策，都可能成為日後的成長疑難。開創精神分析學派的佛洛依德曾經治療過一名女士，這位女士七歲時，跟爸爸要錢買畫復活節彩蛋的顏料，遭爸爸拒絕。後來，爸爸另給她錢跑腿買東西，小女孩從找回的零錢中拿出六便士買顏料，並藏起來。爸爸拿到零錢，覺得有短少，問她是不是拿錢去買顏料，女孩否認，卻被哥哥供出來，於是爸爸要求不情願的媽媽懲罰女孩，這個懲罰對女孩留下心理創傷，她形容：「這是我生命的轉捩點。」一個原本活潑開朗的女孩，從此變得害羞又膽小。如果這位女士的爸爸知道，區區小零錢會造成這麼重大的影響，說不定當初就不會叫媽媽懲罰她了吧。

或許零錢筒內的硬幣，真的只是小錢，但小錢太容易取得、花掉，仍然可能養成小孩不適當的金錢觀。建議父母要重視小節，培養一致性的金錢態度。例如，在零錢筒上裝個密碼鎖，或者交給孩子存進撲滿，或者買個存進多少硬幣就會顯示出數字的玩具小金庫，增加取用零錢的難度。

有些父母習慣隨手放硬幣，想說用時比較方便，其實，在微利時代，就算小零錢也得錙銖必較。

當然，玄關放個小零錢筒，有些招財進寶的吉祥意味兒。卻別讓孩子誤以為可以「不勞而獲」，可以叫孩子幫媽媽跑腿、做家事，或者幫下班回家一身疲憊的爸爸搥搥背，按摩幾下，打賞他抓一把零錢，「只能抓一把喔」，事先可得把規則講清楚。

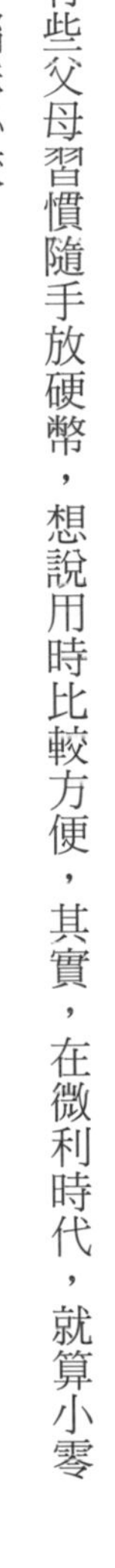

56 廚餘桶，給全家上堂生物課

廚餘桶的使用已有些年頭了，然而，在我家，廚餘桶還比較像是我兒子的玩具。他總趁我們不注意，從廚房「劫」走廚餘桶，假裝倒肥皂粉、清洗，其實是為了玩水。

提到廚餘桶，我們的行為模式，自動分成兩種。在外頭吃自助餐，乖乖的將剩菜剩飯，連餐盒和筷子都分好，分別丟進廚餘桶和回收桶。但在家裡，這套良好習慣自動繳械，喝剩的湯汁倒進水槽，剩下的飯菜全歸垃圾桶所有。昨晚，我在街頭看見滿滿一桶廚餘，心裡還想，這家人真浪費，留下這麼多剩菜剩飯。

其實，我一直動著腦筋，想怎樣讓倒廚餘變成一種親子遊戲。因為，有些父母分享經驗時發現，孩子是將「不喜歡的食物」的下場自動和「倒進廚餘桶」做連結，最後父母會在孩子倒進廚餘桶的食物中，發現紅蘿蔔、洋蔥、花椰菜和麵條，簡直就是「浪費」。於是，頒「廚餘桶規章」如下：

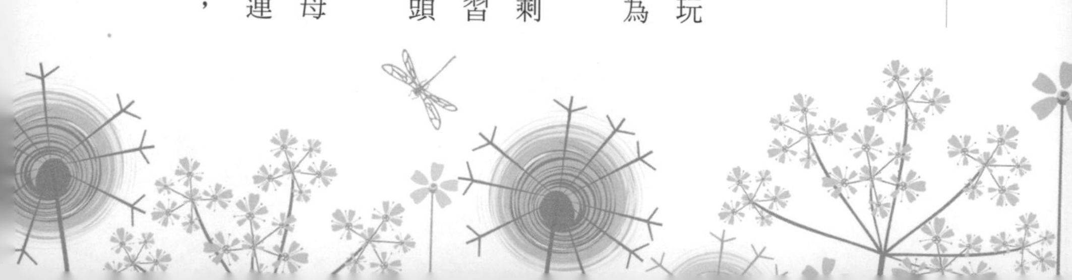

1.廚餘桶收的是吃到不能再吃剩下來的，而不是你不喜歡吃的。

2.最好不要吃剩，要吃光光。也不看看這是什麼年代，高麗菜一斤多少錢，你知道嗎？

3.廚餘最後可能會做成堆肥，當成家畜、家禽和菜類的養分，最後再回到人的肚子裡。所以，最好不要把有毒的東西倒進廚餘桶。

還有一點，最最重要的是，妥善管理廚餘桶，可以當成節制家庭消費的工具。通貨膨脹，薪水變薄時，能省也是美德。

如何定義家裡的廚餘桶？也不能只等同於傳統的垃圾桶，感覺多一些，至少，多出一些味道。而且，如果懂得運用，也能用廚餘桶為孩子上一門最實用的環保課和生物課。

當然，廚餘桶也偶而會當上親子過招的主角。有些男生在家裡亂丟垃圾，習慣不怎麼好，爸媽罰他負責倒廚餘桶，但這就像第一關遊戲沒過完便要他進第二關，小男生完全不照分類步驟，把香蕉皮丟進湯汁中再塞進用過的衛生紙，結果廚房就像某怪物科幻片，這一來，他更加不願意碰廚餘桶。

輪到倒廚餘桶的日子，媽媽要他記得去拿廚餘桶，小男生說什麼也不願意：

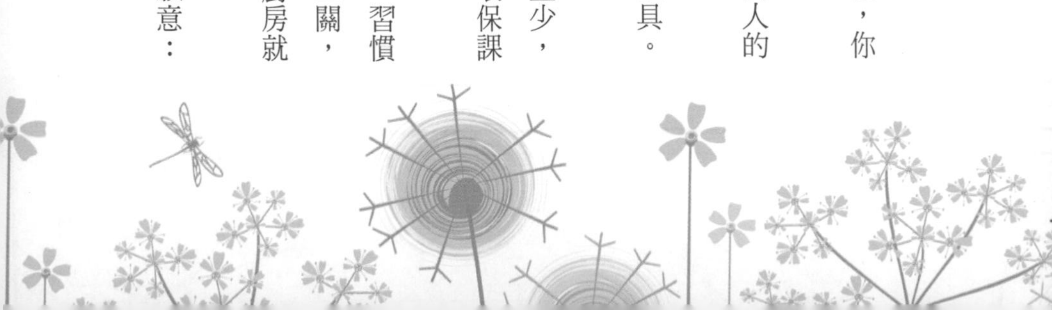

「不要，倒廚餘是媽媽的事，廚餘很臭耶。」這一提起，媽媽更火冒三丈：「要怪誰？還不是你從來都不好好分類，倒完也不洗乾淨，廚餘桶才會又臭又重，兩個人也扛不動。」

晚間爸爸回家，媽媽要爸爸想個對策，爸爸卻露出一臉懷舊溫馨樣，他想起小時候在農村老家，老爸都會把剩菜剩飯做成堆肥，也讓他從小就知道植物生長和動物養料間的關係。爸爸說，現在吃麥當勞長大的小孩，哪裡有辦法知道這些事情，說不定還以為漢堡本來就長這個樣子。商量結果，要讓廚餘桶走進家庭生活，扮演積極角色，還要小男生繼續負責倒廚餘，但這次，要讓小男生知其所以然。

經過廚餘桶教育訓練後，這家人發現，小男生體會到負責做飯的媽媽原來這麼辛苦，每天要準備這麼多食材，變化出這麼多的菜色。而且，悄悄的說，為了減少廚餘桶的重量，小男生會乖乖把菜吃完。

到頭來，全家都有收穫。飲食內容越來越乾淨，才不會留下一些奇奇怪怪的東西，這就像德國的垃圾袋經驗，德國的垃圾袋很貴，倒垃圾的時間有嚴格規定，結果，德國家庭倒的垃圾量變少，降低環境污染。

面對廚餘桶，你不妨這樣做：

1.運用廚餘桶，讓孩子從know how裡，學習惜物愛物。讓他們體會，「惜物愛物」不只是道德訴求，更有實用的目的——減少廚餘桶的重量；不亂吃奇奇怪怪的東西，廚餘桶比較不會有味道。

2.使用鼓勵的方式，讓孩子負責倒廚餘桶，學習正確的分類，並以減少廚餘為最終目的，無異是給孩子上了一堂印象最深刻的生物課。

3.有空的話，親自帶孩子來一趟「廚餘何去何從」之旅，了解食物如何取自於動植物，變成廚餘，然後又回歸大地的整個過程。如果，連父母也不知道該如何設計旅程，可請教有生物學、農業或生態背景的專家朋友，最好就從家鄉週遭為起點。其實，家庭也是整個生態體系的一環，理解生物輪迴生生不息的概念，從此，廚餘桶就再也不是件事不關己的髒東西了。

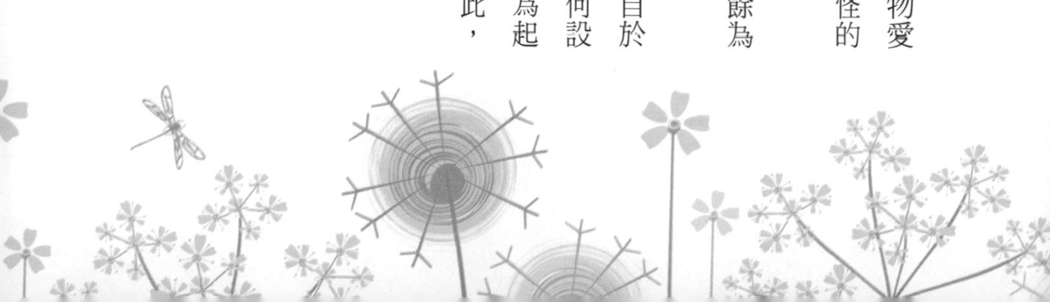

57 衛生紙也鬧家庭革命

曾經聽一位藝人形容過，他在當兵時怎樣用僅餘的半張衛生紙，完成擦屁股的艱鉅任務，我記得不太清楚了（話說回來，這種事情，誰記得清楚？），只記得要用到摺紙的技術，先把衛生紙摺四分，再對摺，然後對準目標。

記憶所及，還是對我有若干影響。因為出門在外，有時生理呼喚急了，剛好手邊沒有衛生紙，或是猛掏老半天，只找到半張衛生紙時，我想那位藝人講的那一招，真的會有派上用場的一天，但我想我始終學不會。根據我媽媽那一代對這一代小孩的形容，他們使用衛生紙是標準的浪費，因為衛生紙變便宜了，每個家庭買衛生紙都是成串的買，好像用不完似的，卻沒想到衛生紙也是砍倒許多樹做的。我對使用用過的衛生紙，一直不敢有再生資源使用的想像，雖然有這種可能性，但想到我用來擦屁股的這張衛生紙，也擦過別人的屁股，會讓我全身起雞皮疙瘩。

但是，該怎麼辦呢？要不要在衛生紙盒外註明：「本衛生紙絕非再生資源，請安心擦用」？

本來以為，大小便和用衛生紙這種事，男孩子長大點就自然會了，不用太操心。但是，也不一定喔，羅太太最近發現，剛上國小的孩子「不太會用」衛生紙。出外上男廁，她不好意思跟進去；在家裡，男孩子進廁所，也要把門關起來，一點也不會給老媽教導的空間。

羅太太其實老早覺得奇怪，家裡的馬桶為什麼時不時就會阻塞，後來終於找到原因，孩子如廁後，把整坨衛生紙都丟進馬桶。羅太太好言相勸：「我們家的馬桶是舊型的，衛生紙丟進去會阻塞，丟到旁邊的垃圾桶。」孩子卻露出一副厭惡神情：「不要，好髒。」後來羅太太才知道，孩子有一次內急上公廁，面對馬桶邊從垃圾桶滿出來的衛生紙，嚇得一邊停止呼吸一邊還要用力便便，從此以後，孩子便堅持將衛生紙沖進馬桶，媽媽怎麼勸也改不了。

孩子小時候，尿尿後會有滴尿的問題，媽媽特別教他，尿完後用衛生紙擦一下，免得馬桶邊都是他的尿騷味，這個習慣一直延續到上小學，兒子一直以為尿尿後就要擦衛生紙，但當他到學校或外面上公廁時，卻遭到旁人異樣的眼光。羅太太說，家裡和外面的衛生習慣出現衝突，讓孩子望公廁而卻步，造成不少的麻煩。這

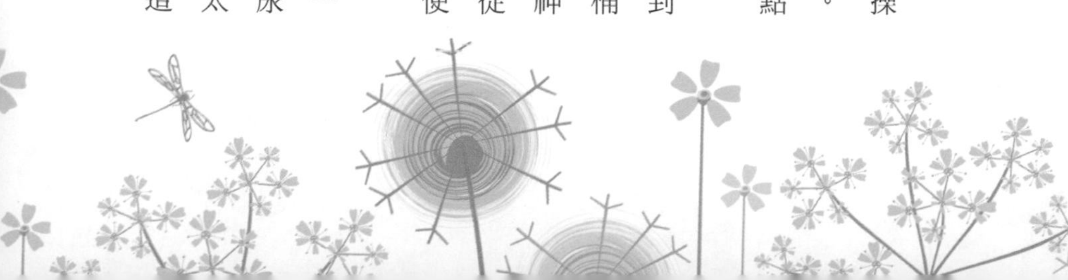

種案例，不知道多不多？

許多父母發現，本來使用滾筒式衛生紙是為了想省紙做環保，但要孩子用那麼小一張衛生紙完成擦屁股的任務，實在有那麼點練習武藝的意味，結果滾筒式衛生紙反而比平版衛生紙更容易用掉。許多孩子喜歡用抽取式衛生紙，一張一張地抽非常的方便，但反而最容易阻塞馬桶，父母也覺得浪費。我發現家裡面如果為衛生紙這種小事鬧革命，多半是用抽取式衛生紙，典型親子過招對話如下：「喂，衛生紙又不是不要錢，你一次抽那麼多張幹什麼？」「可是，一張只能用那麼一點點，我不多拿一些，也不知道等一下會需要多少？」

我還發現，一般家庭會買滾筒式或平版衛生紙放在廁所，把抽取式衛生紙放在臥室或客廳，因為通常這種衛生紙價格最貴，大人會認為不該浪費在廁所裡。但在廁所最受孩子歡迎的，反而是抽取式，這可能是親子間對衛生紙認知不同產生的衝突。

其實，羅太太也不用覺得自己的孩子是「怪胎」，害怕上公廁使用男用尿斗的大有人在，美國聖地牙哥就有位臨床心理學家維多．卡布斯承認自己從小就有此疾，他還建議正式使用「男廁恐懼症」這個名詞，並且開辦治療團體。但是，媽媽

要教男孩怎樣尿尿、怎樣用衛生紙擦屁股，真的還是有所忌諱的。卡布斯建議，教還是要教的，但多半只能意會，不能言傳，或許平常在家裡的廁所，就要孩子多多練習。如果孩子仍舊害怕馬桶邊的衛生紙，這個問題就比較麻煩一點，只好呼籲國民養成良好的衛生習慣，平常活動路線的公廁品質，也先做一番調查吧。

台灣公寓家庭內的馬桶，到現在多數還是無法把衛生紙丟進去的，馬桶邊放個垃圾桶，恐怕還是必要的，如果小孩頑皮點，把衛生紙當玩具，馬桶阻塞恐怕是常事，難怪「通樂」在台灣家庭屬於必需品。建議家人平常約法三章，養成妥善處理用過衛生紙的習慣，免得造成較小孩子的恐懼陰影。

衛生紙看起來是小事，卻是養成個人衛生習慣的重要物件，建議父母默默觀察孩子使用不同類型衛生紙的感覺和習慣，在「節省不浪費」和「真正的方便」間找到平衡點。

其實，依據傳統佛洛依德精神分析的觀點，肛門期是孩子發展的大事，但台灣的父母明顯忽略了，許多台灣人長大後出現「肛門期發展不全，衛生習慣不佳」的現象，其來有自。

58 鋼琴

我家附近巷內有個女生在學鋼琴，這幾年，鄰里幾乎跟著她的鋼琴課一起成長。從最簡單的音階彈奏開始，歷經拜爾、莫札特到現在能彈整首古典小品。我不認識這個女生，也不確定她住哪一樓，有時候，當她反覆練習同一個樂段，只好想做是唱片跳針。

儘管不認識，我自動地就想像成是個女生在學鋼琴。如果問父母們，想給誰學鋼琴，答案八成是：女兒。有位親戚最近才搬家，還千方百計從南部將高齡二十歲的鋼琴搬上來，問她現在鋼琴頗便宜，直接買部新的更划算吧，她說：「媽媽我當年彈過的，再傳給女兒彈，會更有感情。」這架鋼琴所費不貲，當年可是她的媽媽跟會買的，理由也只不過是：「要給女孩子學鋼琴嘛。」當然，放眼台灣家庭，承載過這種鋼琴課期望的女兒們，後來選擇這條路的仍屈指可數。

然而，要想讓兒女走上鋼琴路，台灣的父母們有一件事可做對了：那就是先得不惜重金買一架鋼琴。歷史上第一個全家五個小孩都唸茱莉亞音樂學院的「布朗家族」（The Brown Family），父母莉莎和凱斯結婚後買的第一個物件，就是一架一九三九年的史坦威鋼琴，整整要價一千美金。

我最近閱讀到這對父母的專訪，談到他們有何秘訣，能培養出一個鋼琴世家？爸爸凱斯承認，要供應五名小孩上鋼琴課負擔頗重，在美國猶他州，鋼琴課的費用超過每月房屋貸款的百分之三十。後來，還必須賣掉房子，再買兩架鋼琴，另外再租房子住。雖然經濟負擔如此沉重，他們卻不覺得苦。

要下定決心投資在孩子的鋼琴課上，莫非已看準孩子們個個是鋼琴天才？其實，也不盡然。家裡有架鋼琴，只是音樂學習的開端，家族中有人喜歡彈鋼琴，擁有音樂生涯的成就，都能不斷吸引孩子們親近鋼琴。

布朗家的孩子們都記得，媽媽莉莎會和每個孩子一起坐在琴凳上，加強練習，每天最少七個鐘頭。莉莎自己則說：「日子其實不好過，卻滿溢歡樂，我們之間的感情緊密聯繫。我自己有個感覺，每個小孩我都要給與相同的時間，所以有時候，這不僅是一個媽媽的義務而已。」

莉莎和丈夫也夠細心，不讓孩子間感覺到競爭壓力，所以從不在同一時間，指

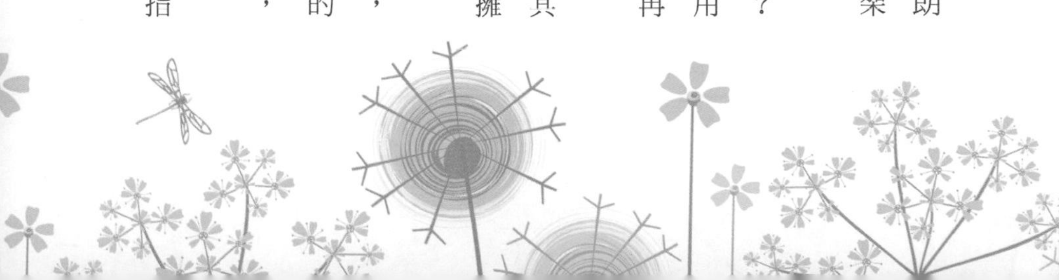

定同樣的功課。小一點的妹妹，也不會為覺得程度趕不上哥哥姊姊而沮喪，兄弟姊妹間一起學鋼琴，卻能彼此理解、欣賞，一直維繫住家族感情。二〇〇七年，五個人合錄了第三張專輯「Browns in Blue」。

閱讀這家人的專訪，確也能啟發父母們，別一再說：「唉呀，你怎麼趕不上哥哥姊姊」，把洩氣當打氣；也不要以為「提當年勇」就能勉勵年紀較小的孩子。對學鋼琴這件事來看，父母自己的投入是非常要緊的。

59 餐桌

很多人家裡才不缺漂亮體面的餐桌，有人理石面、柚木桌、較簡單的塑料材質和紅石型，少的是一起圍在餐桌旁的時間。記憶裡家中的晚餐儼如儀式。媽媽把菜、碗筷排列齊整，照例是四菜一湯，等到爸爸下班回家才能開動。家教嚴格的軍眷家庭，還得等爸爸拿起筷子，一個口號一個動作，快快把飯扒光。現在，流行的口號可能是：「快吃，別留給爸爸，反正爸爸也該減肥了。」以前流行繁複合菜，但自從公筷母匙轉而環保筷大行其道後，即使圍在餐桌前也是一人一份，好像吃的總是咖哩飯；媽媽也沒有空再搞那些湯湯水水外加勾芡。

小家庭裡，就算媽媽有心，頂多也只需準備三、四個人份的飯菜，那種「做總舖師」的經驗，大概也漸漸在家庭生活裡遺落了。有次和一位家庭主婦聊起，說我祖母那輩每天要辦十個人的「桌」，厲害的是「要讓這十幾個人每天吃都吃不膩」，家庭主婦大表敬佩，話鋒一轉，「祖母一個人這樣操，太辛苦了。」「哪

有，家裡的小孩，沒上學的，放學回家的，都會一起幫忙。準備晚餐，也是親子互動的最佳時段。」我說，「還記得祖父的嘴巴最厲害，才嚼一兩口，就知道這道白菜是哪個孫子切的。」

即使現在，也該試試「和孩子一起準備晚餐」。根據美國一項全國調查顯示，青少年都想多花時間和家人共度，而圍在餐桌前則是他們最喜歡的家庭活動之一，包括前面的準備。明尼蘇達大學的研究也說，幫忙準備晚餐的孩子飲食較節制，也較能學習到責任心。當然，現代的家庭生活不需要每天都「辦桌」了，但是，煎個簡單的蔥蛋，讓孩子幫忙打蛋，幫忙擺碗筷，決定餐桌的擺飾，正是「餐桌教育」的開端。「唉呀，等家人一起圍在餐桌前反而麻煩，不如催孩子快快吃完，打發他們去寫功課，上床睡覺。」有位媽媽說。其實，根據統計，家庭晚餐平均只需要二十分鐘，但那二十分鐘內，卻是家人維繫溝通，尋求問題解決的時機，通常，也是建立家庭認同的關鍵時刻。

想起一則廣告：「黃魚，蔥，薑，豆瓣醬：三百九十元。」但是，「傳承媽媽的味道：無價。」餐桌上媽媽的味道可能不如外頭的館子，總有一天我們會發現，圍在餐桌前的時刻：無價。

60 鍵盤

「各位知道二〇〇七最紅的一首歌是什麼嗎？」

星期天大安森林公園的舞台上，表演的年輕男生問台下觀眾，眾人應聲附和，講出同樣的答案：「背叛」。

我和兒子也坐在觀眾席，心裡正嘀咕，我怎麼沒有聽過這首歌，實在退流行退到翻了過去。男生繼續說道：「這首歌我大概唱過一千五百多次了。」一雙手彈著鍵盤，就這麼唱將起來。

首先，我須聲明，我真的沒有聽過這首歌，所以我的印象就來自男生和他的鍵盤，在舞台上顯得如此孤單卻突出。一小時節目裡，他用鍵盤包辦了所有的歌曲，包括快歌、慢歌和間奏。

旁邊坐著爸爸、媽媽和小男孩一家三口，爸爸興高采烈的打節拍，陶醉在旋律中，還不忘給兒子來段機會教育：「兒子，你去學鍵盤吧，一個人演出的樣子，真

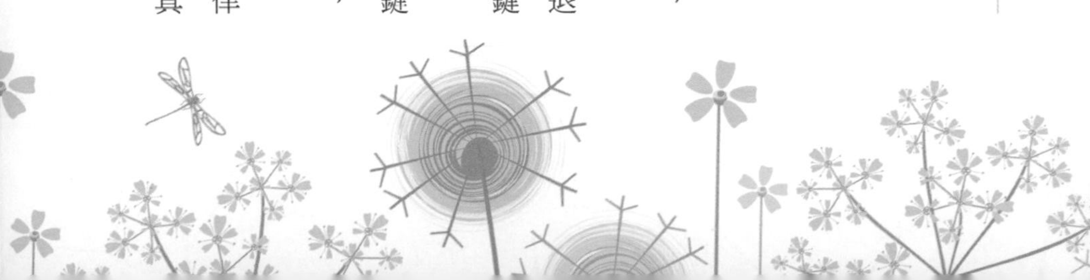

酷。」

有點恍然大悟了。原來，這可能就是現代父母要孩子追求的最高境界，要孩子可以「自己一個人演出。」慢歌、快歌、節奏全部自己來，不用再擔心自己的節拍與別人不合。練習時，一個人來也就全員到齊，無須再等待他人。

例如，我就認識這家爸爸，寧可要孩子一個人學。他帶兒子去學吹直笛，剛開始練習，老師都會強調合作的美德，要配合大家的進度練習。這個爸爸就很不以為然，他說：「我兒子又不是學打棒球，他適合的是一個人的演出。」如果你要跟他辯，他立刻可以抬出億元身價的王建民，「嘿，紅的是王建民一個人，誰記得他小學時的棒球隊同伴呢？」「這樣吧，」我說，「請你家的小王建民對著牆壁練球吧。」

其實，我很能體會這位爸爸的想法，職場上他屬於「千萬銷售員」，再難的事情只要他出馬就能搞定，獨立演出、光環全屬一個人獨享是他致勝的關鍵，他自然也希望兒子從小接受這樣的訓練，鍵盤，正是這種親子期待下最具代表性的樂器吧。我回想起小時候表兄弟姐妹間玩樂器合奏的美好經驗，然而，在獨生子女眾多時代裡，或許學鍵盤也是王道。一個人，一個鍵盤，任何時刻都可以玩起來。

我不準備用「學習合作最重要」這種老生常談，試圖說服這位爸爸，畢竟，我是屬於連「背叛」都沒有聽過的「山頂洞人」。不過，我還是有些疑問啦，就算一個人彈鍵盤演出，也需要有觀眾吧，所以基本上，他還是沒有離開人群。

我的疑問，終於得到一位玩合成樂器朋友的適時解答：「現在很進步啦，」他告訴想帶兒女來學鍵盤，又怕學不好會有挫折的父母，「鍵盤可以做出鼓掌的效果，所以，別擔心啦。」

61 變形金剛

《變形金剛》電影賣座，變形玩具也行情看漲。許多青少年夢想蒐集變形金剛，狂派和博派機器人已變成他們的日常語彙。

有位親戚家，則是大人和小孩一起玩變形金剛。買回來後，媽媽花了一整晚，仍無法把豹頭機器人轉變成跑車，兩個小孩卻平均只花五分鐘就變成功，還可以把跑車和戰鬥機當作上半身和下半身，湊成一個新的機器人。和孩子比起來，父母們小時風靡過的六面體魔術方塊，只能算是「暖身」。

提到創造力，總算有心理學家為我們「魔術方塊世代」美言幾句，研究結論提到，玩具的複雜化程度，並不一定代表有較高的創意力。設計出如此精巧複雜的變形機器人，其實只是個「終極產品」，因為過於複雜，反而抹去了玩者的想像力，孩子再怎麼玩，也只能遵循著設計者的步驟。想要刺激創意，除非他們能用既有的材料，變幻出新的機器人品種。

美國紐約有個探索孩子內在世界的非營利組織「試金石中心」，創辦人理查路易斯就相當反對「物質化遊戲」的玩具賣場。他認為要按照說明書和藍圖才能組合的玩具，都不富啟發性，建議父母在家裡放些樹枝、石頭和鈕釦，沒有多久，孩子就能「變化出一座童話城堡」。

樹枝、石頭和變形機器人，這兩種世界想像的對照，簡直就像新石器時代和太空時代，現在的孩子大概已逐漸遺失從簡單裡面創造神奇的能力，這是相當可惜的，因為，發展學者和心理學家一再證明，創造力的培養，還是要從回歸原始的心靈和工具開始。

「如果我兒子用樹枝和石頭疊成一個石屋模型，算不算有創意？」A太太發出這個疑問時，擔心玩石頭的兒子會不會跟不上同輩？然而，創意並不表現在知道多少，而在於能創造出多少。我開始相信，設計出變形機器人的那個仁兄，小時候也玩樹枝石頭。

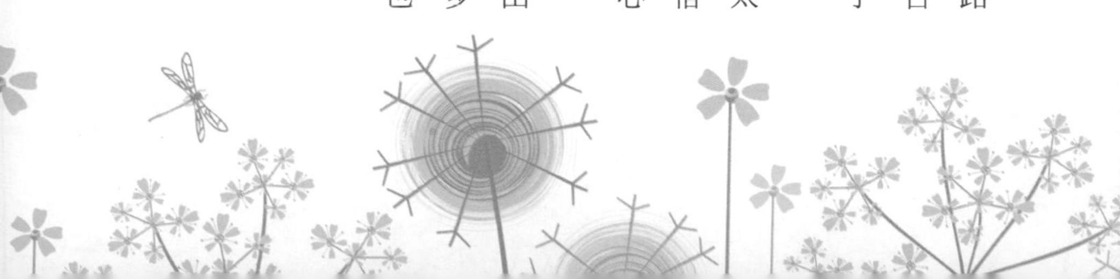

62 體重計，看誰踩在上面？

別作弊，回想一下，你家裡的體重計放在什麼位置，這可以看出你家人的飲食習慣，甚至體位。

如果放在最顯眼的位置，一進門就看得到，引誘所有人每天都要踩一下，秤一下體重。我猜你的家人相當重視體重，吃得比較健康，家人的體重多半維持在國人正常體重範圍裡。

有沒有可能每天量體重，卻照常每餐高脂高熱量，體重嚴重超過的？應該有，但要不是遺傳問題，就是這家的體重計不太標準，磅出來的體重低於現況。

或者，你家根本沒有體重計，上一個體重計搬家時丟掉了。那麼，恭喜你不必受量體重的罪，或者，反而該為你的健康開始擔憂？

秤體重的心態，也頗有趣。多數人都是在吃較少東西時量體重的，如果才吃完尾牙或喜酒，一回家就急忙站上體重計，那就顯然是「擔心」了。我發現自己有沒

有戴手錶、皮帶前後量體重，差別多達一公斤，但這恐怕只是心態問題，手錶和皮帶單獨量，會重到一公斤嗎？

我認識的露西家，把體重計放在客廳通往臥房的轉角，經過時，很難不被誘惑上去秤一下。露西知道，隔天她家晚餐的內容，跟媽媽踩上體重計的表情，有明顯的因果關係。

如果媽媽表情還算平順，或者帶著笑意，第二天餐桌上還可見到有脂肪的菜。如果，是驚叫一聲「天啊」，對不起，第二天全家一起強迫節食，不僅飯量減少，連露西吃什麼，媽媽都會嚴格管制：「吃那麼油，不怕變肥婆嗎，肥肥阿霞就是妳最好的借鏡。」

其實，露西看媽媽的身材、體重，並沒有太明顯的變化，不曉得為什麼體重計會引起她這麼大的反應。

觀看體重計的眼光和標準，根本就因人大大有異。露西如果看的是個位數的公斤，她媽媽說不定計較個位數的公克。當然，某些家庭情況剛好相反，像十六歲的小琴每天早晚都要量兩次體重，媽媽嫌她太瘦，要小琴多吃點肉，小琴的回答總是：「對喔，又不是妳站在體重計上，接受無情的打擊。」有時候，媽媽真想把體

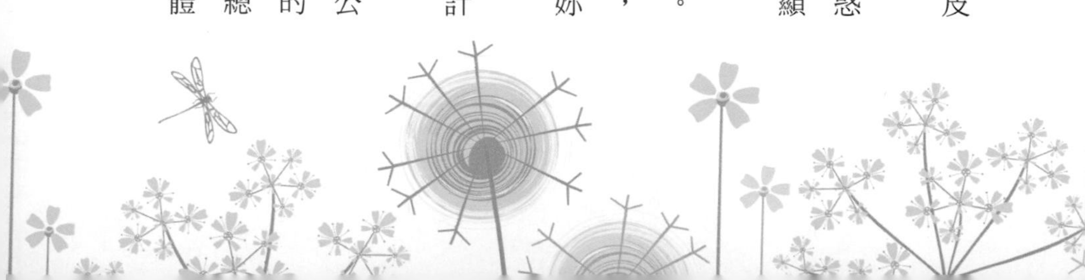

重計藏起來，別讓小小體重計影響親子關係。

事實上，考量到體重計可能對某些青春期家人（或青春期已經結束很久的媽媽）造成影響，就有專家建議過，別將體重計放在家裡太明顯的位置，免得太常量體重會破壞家人吃飯的好胃口。營養專家也說，每天量體重其實沒有太大意義，因為身體調整方式並非以「日」作基本單位，就算你餓一、兩餐做出「體重減輕」的假相，說不定下一餐多吃幾口，體重又回來了。然而，無論媽媽或女兒，爸爸或兒子，體重正常或真的過胖，還是有些家人每天站體重計，跟刷牙一樣勤快。

露西家的「根據體重計結果決定節食計劃」，顯然並非良好示範，這種節食也不太可能奏效。過去的研究發現，家人的飲食習慣和體重會互相影響，如果其他家人都不節食，妳的計劃也不可能成功，心裡總會想：「反正大家都這樣吃，也沒什麼關係，我何苦為難自己。」這就是除了遺傳基因外，全家一起跟著胖的第二因素。傳統台灣家庭裡，當兒女進入偏食的青少年，通常「發胖」會是媽媽的命運，她會捨不得，而吃掉剩菜剩飯。幸好，現在總算實施廚餘回收制，大幅降低中年媽媽們體內的卡路里指數。

節食應該全家一起來，還有個理由是，如果只有一名家人單獨進行節食，他會

累積不平衡情緒，成為家中的「火藥桶」。這種「別人都吃唯我禁口」的意志力大作戰，會陷入理情治療學家艾里斯說的，「當一個人相信自己絕對『應該』可以在最不感到痛苦、最不費力氣的情況下，減掉過多的體重時，就會讓自己因節食的挫折感而導致情緒失調。」

把體重計藏起來？大可不必。調整一下做法吧，不要把站體重計的後果當成對自己和家人的「懲罰」，踩體重計也可以成為全家分享的時間，一起訂定節食計劃，一起改變飲食習慣。

從成效來看，減重其實要有長期作戰的準備，請從小就為孩子培養健康的飲食習慣，比十年後再互相爭著踩體重計，計較那一兩公斤的重量，還要重要。

美國華盛頓大學哲學教授理查·華生曾建議：「用健康飲食計劃養大的孩子，日後會比較喜歡這種飲食方式，至少有一段時間會是如此。當他們大一些，他們會反叛，可以，那是正常現象。有時候，你要放任他們一下：在他們吃加工與垃圾食品很多年後，才開始進行你的節食計劃。請記住，你也是這樣開始的。」

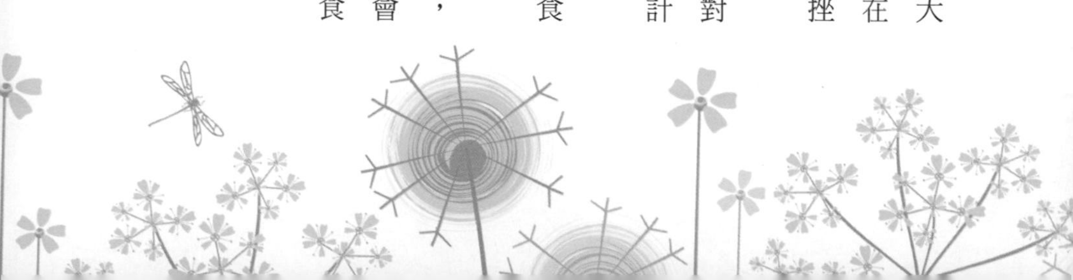

63 體溫計

教發展心理學的林老師講了一個故事，主角是她和女兒，體溫計只是配角。

故事發生在春節假期的夏威夷，林老師和女兒一起去渡假，住進擁有美麗海景的飯店後，女兒就開始發高燒。出外旅行，沒有人會記得帶體溫計，借來一量，高達攝氏四十度。林老師打聽下，飯店的醫生要價很高，女兒一面發燒，一面懂得精打細算：「媽，我們買機票回去看醫生，可能還比較划算。」

當然，這也不是辦法。林老師打聽到當地的診所，於是扶著女兒前去看診。等了很久，醫生姍姍現身，看一看女兒說沒問題，女兒只要吃抗生素，發燒過就會好了，她還年輕嘛。好吧，又等了很久很久，讓林老師確信連續劇《急診室的春天》裡的古道熱腸「攏係假」後，才拿到一包昂貴的抗生素。回到旅館吃抗生素，不時拿體溫計量女兒，這個夏威夷假期就耗在旅館看電視。等到假期快結束，女兒燒真的退了，總算可以到海灘玩時，這下又輪到她發燒，再勞煩體溫計一量，由女兒扶

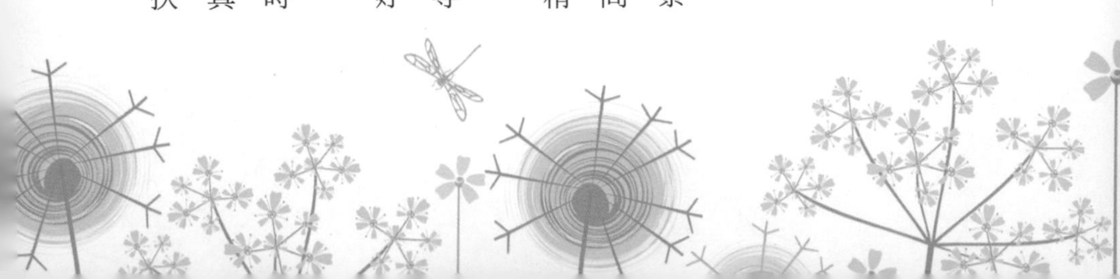

著她再上那家診所看診，處方昂貴的抗生素。林老師說：「我大概會有很久、很久都不會再想去夏威夷了吧。」我聽她講著自己的遭遇，卻不斷聯想起那支體溫計。

雖然林老師一再強調，她不要在課堂上講「經驗」，因為每個人的經驗講就講個不完。但她自己的經驗顯然告訴我們，在人生發展階段裡，家庭成員的互動間，體溫計永遠是不可或缺的最佳配角。每個世代的媽媽焦急的把體溫計塞向女兒，不論是電子、紅外線耳溫槍或早期的水銀溫度計，數據一顯示，戲碼立刻跟著演出：「吁，」鬆口氣，「三十六度，沒有發燒。」或者，「哎呀，四十度呢，送急診。」眼看著夏威夷假期跟著泡湯。這樣看來，誰還敢小看體溫計的角色？

愈來愈精準的體溫計，其實也帶走了許多對生活的想像。小時候我還蠻喜歡含著體溫計，看水銀上升，到達一個範圍，體會著「原來，我是有溫度的。」這種感覺，沒有像聽著自己的心跳那樣強烈，卻是人生發展的重要覺悟。現在準確無比的體溫計，卻只落得像病理儀器，有沒有發燒一按即知，不能含在嘴裡，不再能體會「存在」，也像一堂只談量化數字，不談經驗的「發展心理學」。

我其實在想，如果當初不量體溫計，只靠休息，林老師的女兒終究還是會退燒的吧。也許，她就不會對夏威夷那樣的「敬謝不敏」。

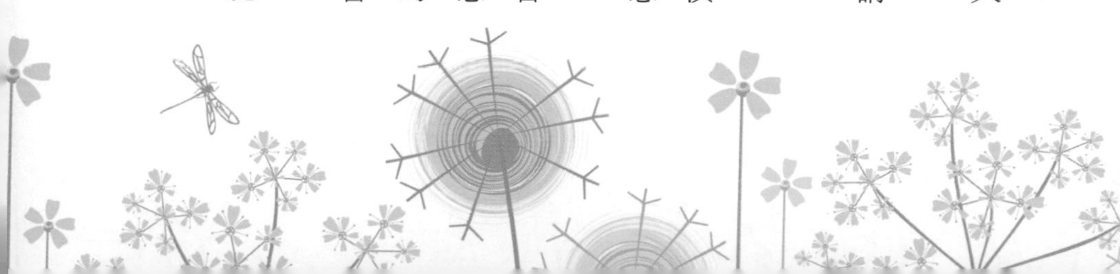

64 凡找過必留下痕跡

蔡傑的爸爸分享一個故事：他的兒子念幼稚園中班時，不太能做口語表達，所以他的心思，父母多半是用猜的。

半年前，蔡傑爸爸把一張兒子的勞作作品貼在兒子的床邊。一段時間後，作品已經破損，他撕下丟掉，心裡想，再畫就有了。

兒子放學回家，卻一直找這張作品。爸爸跟他說丟掉了，他仍不放棄，到處尋找那張圖，翻遍垃圾桶，又來找爸爸的書桌抽屜。爸爸當然要制止他，大人眼裡，垃圾桶是骯髒的，翻抽屜只會弄亂事物秩序，明明就跟他說丟掉了嘛，他還是在找。蔡傑爸爸寫道：「直到這張已經放了半年，幾乎被我遺忘的照片被蔡傑找到時，我才發現，他根本沒放棄尋找那幅被我丟掉的畫作，那時他看到這張照片，突然很開心的大笑說：『有一樣的，有一樣的。』」

那張舊照片裡，蔡傑站在教室公佈欄前，而背景遠遠角落，則貼著爸爸撕掉的

畫，畫的是爸爸、媽媽和蔡傑。這樣的孩子很少會放棄「找」，這似乎已是他們特殊大腦思路下的產物，因而引發誤會、溝通的失準，和最後爸爸溫馨的理解。蔡傑爸爸將這段過程稱為「抽絲剝繭」。

我聯想起我兒子的「找」。他一樣常翻垃圾桶、翻爛一個抽屜，看完照片後從不知如何歸位，也常一個人坐在書房角落，靜靜看我們出遊的照片。他不能告訴我們，他到底記得什麼，看見些什麼。我常說兒子只是無聊沒事情做，其實，會不會是我這個做爸爸的沒能抽絲剝繭，猜不到孩子在「找」什麼？

照片有什麼好看的，再看，還不都是一樣的姿勢？然而，兒子要找的，也許就像個小柯南，只是一個小角落，一張已經不存在的畫，或是別人無法想像得到的細節。我們把畫撕去，認為再畫就有了，我們旅行時猛按快門，只想留下「到此一遊」。但是，那樣的孩子可能無法理解，為什麼去過的地方後來只留在照片裡。如果那地方有他想看的事物，他會一再的回來，一再的重看。蔡傑爸爸給我的一個啟發是，這樣看孩子時，他的某些固著性行為，可能藏著心靈密碼。

凡找過必留下痕跡，凡看過必留下視線。下次，我要從兒子最常翻出來看的那幾張照片，展開爸爸的抽絲剝繭，找出哪些事物，最能挽留住他的注目。

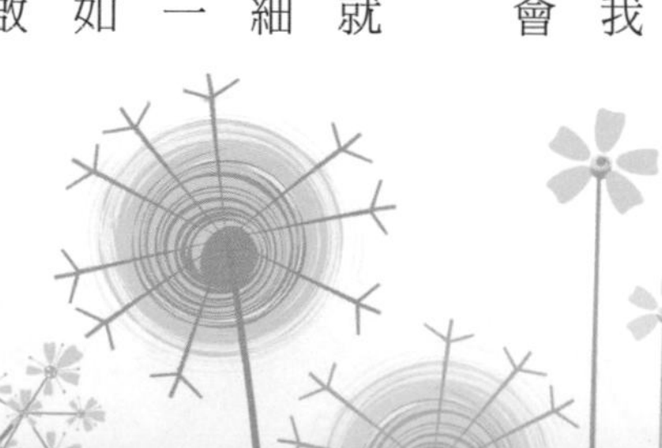

65 我和兒子回到青春期

這天到學校接兒子，王老師一副緊張表情，說因為兒子沒有自己拿聯絡簿出來，中午罰他晚點吃飯，結果兒子竟然「攻擊」老師搶咖哩飯。王老師形容當下她既傷心又訝異，因為平常兒子可是乖到讓她嘖嘖讚美的。她還建議我們帶兒子看兒童精神科，吃藥，「青春期孩子是很麻煩的」。

過後幾天，兒子、父母和老師陷進不言而喻的緊張關係中。老師用聯絡簿留言、打電話繼續增強兒子的躁急形象，還乾脆寫下醫師的看診時間，要兒子看醫生吃藥。老師說，她看過許多這類型的孩子，吃藥後「效果其佳」。（原文照錄，不過我懷疑她寫錯一個字）

兒子長得大手大腳，力氣頗大，我常形容他是「不知道自己擁有多大力氣的小巨人」。進入青春期後，他當然也擁有自己的脾氣和某種獨特氣質，推想那天老師罰他晚點吃飯，他心裡著急，但自閉兒又不知如何表達，於是動手去拿他覺得

「為什麼不是他的東西」，而被一向對他採取「誇張式溝通」的王老師解釋成「攻擊」。但是，正常的青春期孩子不是也會有反抗、躁進的舉動嗎？難道，要給每個進入青春期的人都吃藥嗎？青春期是一種病嗎？

晚上，跟一位從小看兒子長大的特教中心老師談起，老師說，學校特教班老師總會希望出現特殊行為、情緒問題的孩子都去吃藥，方便他們的管理、管教，學校教育要求的是一致性和紀律性，孩子的獨特性反而會造成困擾。但是，吃過藥的孩子就是一副呆呆的樣子，那是最後的手段。乖乖的、呆呆的，和亂亂的、莽莽的，像翹翹板的兩側，就看你希望孩子坐在哪一側。

有位自閉兒家長分享經驗。她曾送兒子去住過三年醫院，現在她說，她非常的後悔。將兒子接回家後，她安排專人帶孩子到處做運動、爬山，發洩多餘的精力。當然，並不是每個自閉兒家庭都有這樣的體悟和能力，然而，這位媽媽的意見，值得徘徊相同選擇處境的父母參考。

「青春期孩子是很麻煩的。」我非常贊同這個論點，更相信，進入青春期的自閉兒更加麻煩。隨著兒子像開路先鋒，擎著大旗帶領我們邁進他的青春期，有個情況卻是我始料未及的：兒子進入青春期後的爸爸也很麻煩，也要開始進入自己的

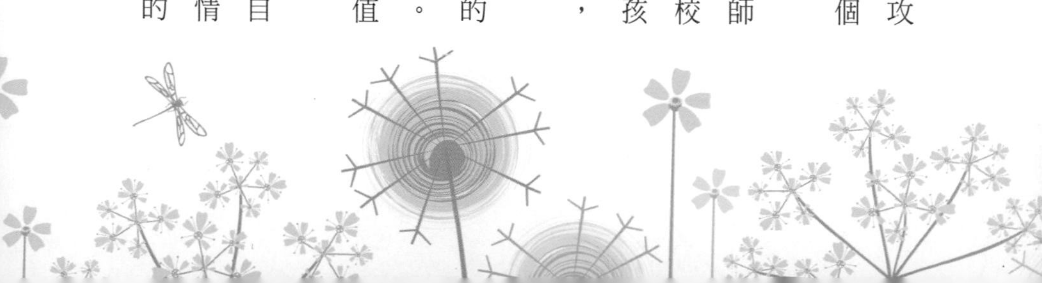

「第二度青春期」。我回想起當年我那些攻擊、躁急和性荷爾蒙飽滿的舉動，懷疑我是怎樣從青春期熬過來的，也許，真的，當年我也該吃點藥。

早上，兒子催我走路用力推了我一下，我回過頭，出聲音制止他，忽然想起十五歲的我也這樣推過我爸爸。唉，回想起王老師那天下午的緊張表情，彷彿我乘著「回到未來」馬蒂的車，又回到青春期了。

66 兒子的推手

送兒子去某基金會度周末夜，說要學習生活自理。我記得是有一次回來後，他出現密集推人的行為。

第二個禮拜，特別問負責活動的男老師。他說帶學員出去玩時，可能搭車的過程對兒子壓力太大，兒子推男老師，然後老師也推了回去。

我覺得這樣的互推，可能反而是對兒子的「負增強」。後來，學校老師反映，兒子在學校推同學，且是專門推那幾位，那幾個同學一見兒子即逃得遠遠的，我特別到學校，跟那幾位同學說對不起。

我也被他推過好幾次，有一次在餃子館正等少吃得到的茴香水餃上桌，兒子猛然向我一推，我差點跌倒，頓時火氣上升，連餃子也沒胃口吃了，連帶也想以暴制暴，狠狠給他一點皮肉痛。但除了我血壓上升外，對兒子幾乎看不出效果，他的行為更乖張，還露出凶狠目光。

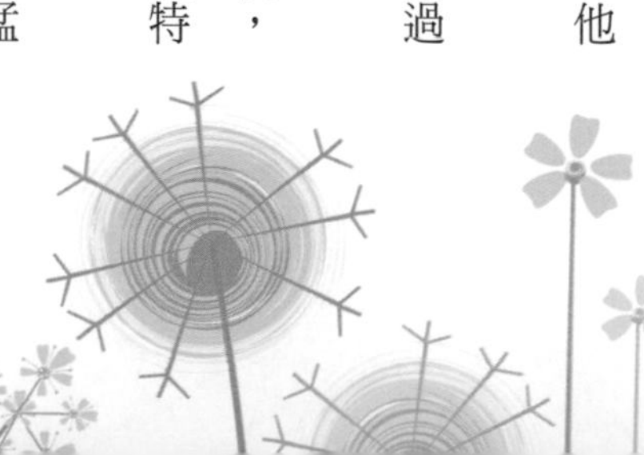

最少，我也讀過幾年心理學，暗暗決定以「人文心理學」而非「行為學派」來對待此事。我一直想察覺兒子推人背後想要傳達的訊號。有幾次，我帶兒子搭公車到西門町站下車，剛下車，冷不防他就在後面推我，我猜想他期待去玩的地方不是西門町，便用肢體動作來表達抗議。

有一次，在中正紀念堂附近道路觀看化妝嘉年華遊行，他朝我胸窩下手，我差點跌進遊行的人潮內。直到現在，想起那天，我餘悸猶存。離開激動憤怒的情境後，作為心理學者的冷靜還是浮現了：兒子從小聽覺感官就較敏感，或許那天遊行的聲音對他是過度的刺激，所以，他又推我了——這個帶他前來的苦命男人。

台灣心理學界最流行的神經心理學和腦科學，一定會從腦神經的發展來解釋此事。做為一個亂了方寸，常常不知該怎麼辦的星兒爸爸，我想得到的知識是，如何有效導引他做出較合宜的行為訊息？我努力思索，這果然是腦神經突如其來的放電？耳濡目染而來？或在不知不覺間，有哪個大人在表達不滿時，曾經為他做了這樣的示範？直到現在，爸爸我反而自己先學乖了，到西門町下車（偏偏假日我又常喜歡去西門町），我習慣的跟兒子保持距離，留意他的眼神，也不太敢讓他走在後面。開始，可以體會學校那位同學遠遠逃開的心情。

67 兒子的夢

睡得正酣，兒子閉起的眼瞼下，眼珠快速轉動。神經生理學說，這表示進入做夢階段。然而，兒子的敘說能力不足，無法知道他做夢的內容。

長久以來，我一直對兒子會做哪種夢感覺好奇。佛洛伊德和榮格這些心理學家，對夢發展出長篇理論，言而有理。我根據自己做夢的經驗相信，夢常會顯露出日間的焦慮和幻想，因此，我如果能知道兒了夢的內容，應該會比較有機會，能探察他的焦慮和幻想。

佛洛伊德使用過的「自由聯想法」，總算，讓我的探察找到突破點。這天，我問兒子：「做夢夢什麼？」兒子不知是專心，還是不經意回答，反正他的反應總是這個模式：「天亮了，不要睡了。」有後設小說的味道喔。我再問：「不要睡了是什麼？」他答：「空氣。」我追問：「空氣是什麼？」回答：「一氧化碳。」

應該不算是典型佛洛伊德的「自由聯想」，也找不到什麼潛意識壓抑或童年創

傷，卻具體顯現出一個少年星兒跳躍、穿巡於記憶和生活情節間的連結。

於是，我幫兒子講一個這樣的故事：當他「做夢」時，通常會有人來搖他，喊道：「天亮了，不要睡了。」這個角色通常是我。所以他一聽我提到「做夢」，直接聯想就成「不要做夢了」。醒過來，他最先感覺到的是「空氣」，這和我們已過於習慣視空氣如無物的本能思考顯然有點差別。從空氣到一氧化碳，則應該是在國中課堂上聽來，湊在一起的線索。到了這裡，我還是不知道他做過哪些夢，再問了一次：「做夢夢什麼？」他答：「街道。」追問：「街道有什麼？」回答：「車子。」不等我問，自己說：「綠燈，可以走了。」

如果不明瞭兒子的起居習慣，可能會以為，兒子在夢裡看車、指揮交通，其實他睡覺前，常常挨著窗看底下的街道，他回答的，可能是睡覺前發生的景象。兩次問答裡，兒子分別敘述了「睡覺」前後的情景，我不確定是不是就是這樣，這充其量是我的猜想。我發現我們親子間遇到的問題，比較大的是：怎麼也講不清做夢的定義。可能，兒子的認知裡，「做夢」就等於「睡覺」，而不是「睡覺時腦海出現的幻覺或情節」。如果你是一個嚴謹的科學派信徒，你說，能不能因此就說，我兒子是沒有夢的呢？

68 於宿緣悔修

目睹夫妻吵吵和和，過來人會用台語說一聲：「這是夫妻相欠債。」若目睹現代父母養小孩，費用和帳單齊飛，恐怕同樣要感嘆：「上輩子欠他們的。」

每到學期初，忙著交學費、教材費、伙食費、安親費，以及有了小孩而出現的額外支出，「欠他的」這種感覺更異常強烈。

舉個慘烈的例子，我兒子喜歡玩水，拿個廚餘桶和臉盆，便可到浴室或廚房玩上幾個小時的水，這段時間內，水龍頭維持供水狀態，嘩啦啦流，什麼環保節能他充耳不聞。我家自來水費寄來，動輒幾千元，我只好也嘆一句：「真是欠他的。」

有次，我忍不住耐心跟他說，垃圾費是跟水費徵收的，特別的昂貴。能不能一次只裝兩個桶子的水，省點兒玩。不過，他應該覺得這樣玩不夠「豪氣」，始終沒有採納我的建議。

所以，爸媽們，關於養育兒女的高費用，你怎麼看，是否只能聊供安慰的說：「上輩子欠他們的。」

容我這個爸爸將融合密宗和大乘佛法的「阿底峽尊者修心七要」中，那句「於怨敵恆修」的口訣稍作修改，變成「於宿緣恆修」，當成我們和兒女「上輩子相欠」的觀點。「於怨敵恆修」原來的意思是「永遠要為那些令我們嫌惡的人發慈心和悲心」。這樣想吧，兒女來花我們的錢，是我們在還「上輩子欠的帳」，然而，他們來當我們的兒女，姓我們的姓，聽從我們的指令（當然，頗多的時候是被不聽話的兒女氣到七竅冒煙。），如果親情是一段段的宿緣，安住在這些宿緣裡，就把「養兒育女」當作是我們的「修」。

我不知道這樣的解釋，符合偉大尊者最初傳下的教誨嗎？原本是要啟示我們如何化轉逆境為喜悅的，然而，現代家庭內充滿如此多的暴力、窒礙、困難和衝突，顯然，多數的親子關係仍難安住在現世的宿緣內，最後，便成了「相欠債」的「孽緣」。

「現代複雜的親情，又不是十一世紀阿底峽尊者活著時所體驗的印度和西藏。」當我在一次父母成長團體分享「於宿緣恆修」時，得到這樣的回響。我說，

對啦，但有一件事是沒有變的，要與孩子和好、相處融洽，父母仍需要極大的「慈心和悲心」，只有「愛心」常令父母失去方寸。

能夠這樣想，也許能將父母帶入另一種悟境。雖然，每個月我收到水費帳單，仍不免頑冥地哀嘆一番，難道是上輩子欠自來水公司的嗎？

69 玩水加書法，注意力更集中

一些書過些時不看，再翻開來，才發現不知何時，兒子拿我的書當寫字簿，留下頗多正方格子狀，也像圖畫般的字，我一一想成歲月痕跡。

像我常讀的一本華文小說，每隔幾頁，兒子就寫一個大大的「我」、「大」或他名字的其中一字。「我」向來是他寫得最工整的字，大概意象也最清楚，其他的字只稱得上誇張某些部位的「字型畫」。

兒子的手部精細動作或概念，大概還難接受斜捺或撇，一律畫成直直的正方形，還會自己添加筆畫，有個字我辨認甚久，覺得像「開」得實在太開的「開」。「小」他寫得不錯，也認得。

在我的書上如此自由自在的畫字，兒子是個「片刻的倉頡」。別只注意到字像不像，或到底有沒有這種字，當兒子的視線離開寫字簿的方格，捕捉記憶裡的圖形和字意，那就是很好的身心活動。

香港的心理學家高尚仁曾將書法書寫運用在自閉症、過動、注意力不足（ADHD）和輕度弱智兒童身上。據他的團隊研究結果顯示，效果非常好。有一次我問高教授，自閉兒多半能做到仿寫就算不錯了，常不知道字的意思，如何讓他們拿起毛筆來寫書法。我心中想起兩個身影，一個當然是兒子，另一個卻是讀小學時拿毛筆寫作文，常搞到整個桌面都是黑墨的自己。

高教授告訴我兩個重點，第一，不管是針對哪種需要的人，想把書法書寫當治療，「字」要愈沒有意義愈好，否則，心靈耽溺在字意上的聯想，或者還會引發情緒的，反而無法達到平靜。

自閉兒學寫書法當然有困難，研究團隊則讓這類人直接用手指沾墨，或者沾水直接寫在特殊的絨布紙上。每次，這些兒童都玩得相當開心。研究者說，經過書法訓練後，他們對老師和同學持更正面的態度，注意力更集中，更能服從大人的要求，情緒化行為也從而降低。

其實，每次我觀察著兒子如此喜歡讓水流過手指的感覺，總想該如何運用此特質導引到學習活動，而心理學家已進一步的幫我設想過這個問題了——如何設計個活動，能結合玩水和寫字，讓小小倉頡能滿足玩水的本能需求？

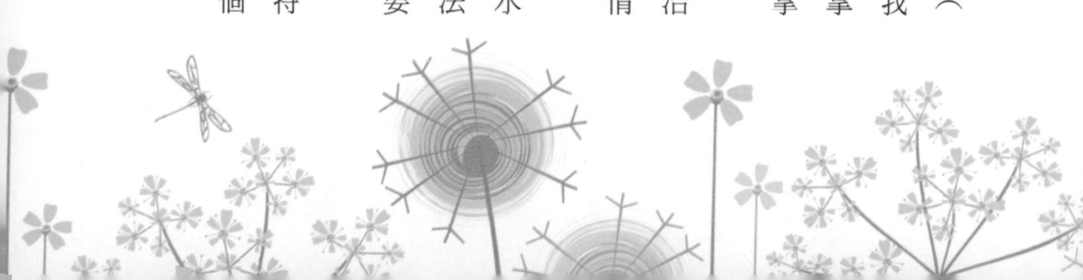

我買來自來水筆，鋪好可洗紙，外加一盆清水，「來啊，玩水加寫字。」兒子看著我，很快就玩完了這盆清水，字卻沒有寫幾個，好像暗示我：「玩水才是我永恆的嗜好，寫字只進入我的短期記憶。」

70 把孩子的行為問題當成「特質」

「你故意的喔。」是不明瞭兒子症狀的外人，最常在兒子「搗蛋」時發出的指責，這時，我就是那名緊張兮兮的爸爸，忙著替兒子找解釋，尋求諒解。常常，覺得很累。

有一次在四平市場的玉石店，進去逛時發現有塊招牌寫著：「請輕放玉石，放下時不要發出聲音，造成破損需按價賠償。」我心想不對勁，還來不及把兒子拉出去，他已經抓起一把碎玉石，而老闆娘也正在跟他說：「輕一點，不要用丟的。」兒子看老闆娘一眼，露出笑容，果然把玉石丟回去，老闆娘當然很生氣啦：「嘿，你故意的喔。」兒子理也不理人家，轉頭就要走，我趕緊靠過去，表明爸爸正身：「他不是正常小孩，他不懂得什麼叫做故意。」

「喔。」老闆娘從喉嚨發出一個聲音，眼睛仍然盯著兒子，又有點暗示我們快走的意思，反正顯然已知道我不會是買玉石的顧客。從此，我看到玉石、古董、瓷

器、杯碗或其他易碎品的商店，都會敬而遠之，也無法預知看起來好好的兒子一進去，下一刻會不會又摔東西。不過，我心裡始終設下一個辯解的想法：「兒子並不懂什麼叫做故意，如果懂，我反而該高興。」

這天，早晨來接兒子上學的交通車司機看見我，特意跑過來說：「拜託，跟你兒子講一下，關車門不要那麼用力，這個門的電腦感應器都快被關壞了。」我照實回答，我跟兒子講，兒子就會聽嗎？有啦，司機先生提出他的觀察，早上我陪同兒子上來時，只要叮嚀他：「門要輕輕關。」兒子就會聽話。不然，有一次，隨車阿姨還在幫他繫安全帶，他就急著要關門，要不是阿姨動作快，年輕時跳過健身舞，這個腰就不保了。司機說，他每次看見兒子這一刻都好好的，也沒有生氣或情緒反應，也不知道為什麼下一刻關門會這麼用力。

如果是正常青春期的孩子，可能是為了引起注意或表達某種情緒，但我更相信專家的判斷，說這類型孩子感官刺激不足，那麼用力的關門，摸、甩、丟等等動作，只是他們感覺「正常」的反應。所以，我跟司機先生建議，最好在上、下車時，就預先跟兒子說不要那麼用力，幾次以後，他知道有人在注意這件事，行為也會明顯改善。當然，這對司機和隨車阿姨也會造成不小的麻煩。

跟這類型孩子相處久了，我們反而不應再把這類行為問題視為「症狀」，反而較接近人格心理學家艾波特（G. Allport）提出的「特質」（trait）。我跟司機先生設想的「預期發生論」，早在一九三七年艾波特就已提過：「我們預期某個特質會出現，但不一定預期到會以什麼樣的反應出現。會出現哪種行為，還得取決於其他的因素。」

其實，艾波特始終沒有交代清楚，人格裡面的核心特質究竟是什麼，所以我們始終也不知道，這種行為的改變可以到何種程度。或許，看到門就要用力關，拿起玉石隨手甩，難以控制玩水的衝動是他們一成不變的「特質」，而總跟著想跑到前頭提醒、制止他們的爸爸媽媽，像重覆觀看同一齣戲的忠實觀眾。

71 學習策略，模仿看看

晚上放洗澡水，洗完澡，只見兒子出浴室拿了一把水果刀，又返回浴室。原來浴缸的塞子鏈條斷裂，兒子拿刀把塞子剔起來。

好像沒有人教過他這一招吧，他顯然不是靠模仿學來的，已進階到能自己想辦法解決問題。但是，真的要叫他模仿，要教他學會點東西，可是會氣到連孔子都吹鬍子瞪眼睛。

兒子一直有不適當的模仿問題，在電梯裡他學別人講話，常常讓我緊張冒汗，如果遇到兇一點的人怎麼辦。只要兒子看到我在看手錶，不管幾點鐘，就會衝口而出：「六點半了。」因為那是我早晨挖他起來上學的標準說辭。我沒有要他模仿的，他總學得特別好，不知這是否叫做「有創意」。

自閉兒的教導學習方案中，常會用到「模仿」，如「應用行為分析」（Applied Behavior Analysis）就有，治療師拍拍手，要兒童模仿，給他獎勵，然後再

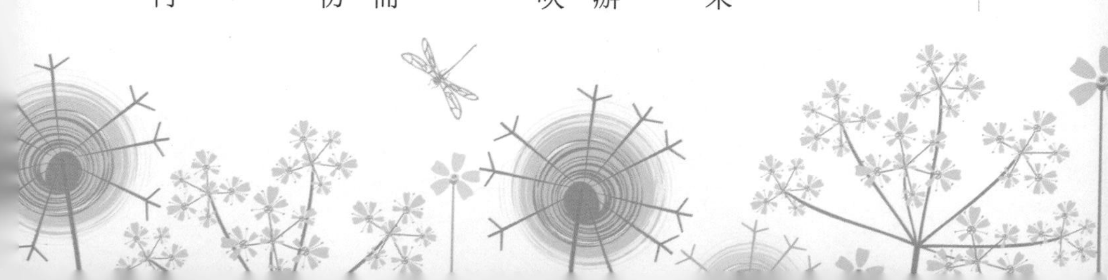

發展到更複雜的動作。許多自閉傾向的學童常學不來這個簡單的動作，所以也常被認為，他們達不到模仿。

然而，曾經有個小朋友，老師要他模仿敲桌、拍手、按按鈕時，他一樣也不會。休息時，老師注意到他會丟玩具人，看玩具落下，於是就對他做了一次把玩具人順著滑梯溜進玩具池，只示範過一次，這個小朋友便學會了。再教他開玩具車溜斜坡和轉一個很炫的玩具，他一樣做得來。簡單的模仿動作學不會，複雜的反倒能上手？

我兒子似乎也屬於這一類，他們不是不會模仿那個動作，而是模仿也要有其「格調」，如果沒幹什麼跟著拍拍手，模仿只是為了得到一顆糖果，他們不知道學那個還有什麼用處。

72 衣櫥的慾望和秘密

孩子體型日益碩大，上可媲美爸爸，下可「俯視」媽媽。有一天，我們突然發現，藏在他專屬衣櫥裡，一干親戚送的新衣，如今全都嫌小，來不及穿了。領悟到：送親戚小孩衣服，一定得把成長的速度計算入內，免得當己方生小孩時，對方又把原封不動，來不及穿的新衣送回來，連標籤都沒拆。

另有一天，要帶兒子出門，卻見他穿了一件汗濕淋漓的襯衫，當下發出指令：「去換一件乾淨的衣服。」心想他會到自己的衣櫥找一件來穿，咚咚咚一陣聲響，開衣櫥，關衣櫥，兒子出現時穿的卻是我的襯衫。原來，他是跑去開我的衣櫥，拿我的衣服穿。老婆還一旁說：「呀，不說，看起來還挺合身。」觀看甚久，評論正式出爐：「恐怕比他老爸穿的還更有模有樣。」我們家關於衣櫥，原來還有一套「規矩」。孩子上小學後，給他買了個有四層大抽屜外加兩個小抽屜的衣櫥，準備訓練他學會分辨自己的衣物，讓他的衣服有個歸屬感。最好，還能自己找衣服穿。

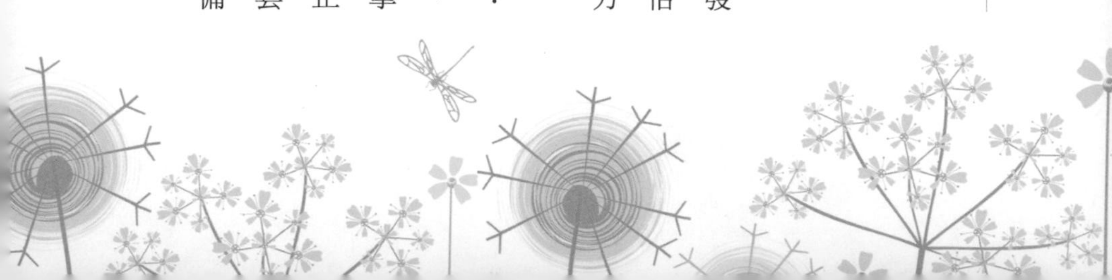

最後，這一點苦心看來是成功了，兒子找完他的衣櫥，沒有中意的衣服就來翻我的衣櫥，在他心目裡，他的衣櫥，我的衣櫥，其實沒什麼差別。悄悄透露一個秘密，在家裡兒子還常穿他媽媽的衣褲，讓她氣得直呼此風不可長。

我們自己的衣櫥，則隨著衣服添購行頭增多後，自動進入演化階段。從原來的拼貼空心木，只有兩個抽屜，進化到四門柚木大衣櫥，還分吊衣區，藏衣區（專放過季的衣物），襪子格和當季區。每個衣櫥都可顯示出這個家庭的活動動線以及整潔習慣。像我這種完全沒有組織力條理感的人，面對衣櫥的分類方式，也知道該去哪裡找內衣，去哪裡摸襪子——雖然襪子最後常常不是同一雙，不過總算顏色一樣嘛。人類使用衣櫥的時間，大概跟人類穿上衣服後一樣的長，有了衣服總要找地方放，人類也從此多了一個必要的收藏品，把放衣服的那個地方，稱為自己的「家」。有了衣櫥，真的才有家的安頓感，不再像單身或大學時代住宿舍用的那種塑膠的達新牌衣櫥，一打開拉鍊就有股濃濃的塑膠味，將每件衣服染得像才從投幣的洗衣機抱出來似的。租房子時，我們也用過一根吊桿的衣櫥，好像一個人也長年累月的晾在那裡呢。彷彿有了家，有個像樣的衣櫥，我們才開始買衣服，各種場合、各種時令的衣服，或者，也不知為了什麼就買下來的衣服，最後全塞進衣櫥裡了。

然而，我不清楚衣櫥和女性買衣服間的確切關係，究竟是因為家裡衣櫥太大，顯得太空，所以只好努力買衣服，或者情況剛剛相反，買下太多的衣服後只好再換更大一點的衣櫥，顯然，必須有人仔細的考據一番，再向我們做老實報告。

《慾望城市》電影裡，新婚老公問準新娘要幾克拉的鑽戒當禮物，新娘說她不要鑽戒，只要一個很大很大的衣櫥，看得出對新婚生活和準老公的經濟實力有備而來，這個女人的智商實在高得嚇人。奉勸現實生活裡，真的遇到這種問題的男人們，不要傻到以為老婆買個大衣櫥後就相安無事，天下太平了，也不要相信，那個大衣櫥是為了裝你的西裝和領帶。

現實生活裡，我遇到的是，除非你是學空間設計的，計較家裡的衣櫥空間有沒有平均分配，實在一點意思也沒有。遲早，孩子和太太衣物所佔的空間總和都會大於先生，我到某位親戚家作客，他家的小女兒就當著客人面說：「爸爸為什麼每天都穿同樣的衣服？」那個爸爸說：「我有七件一模一樣的衣服，不信，妳去看我的衣櫥。」「西裝呢？」「我有七件一模一樣的西裝。」「襪子呢？」「一樣有七雙。」我開始懷疑他對七是不是有特殊迷信。

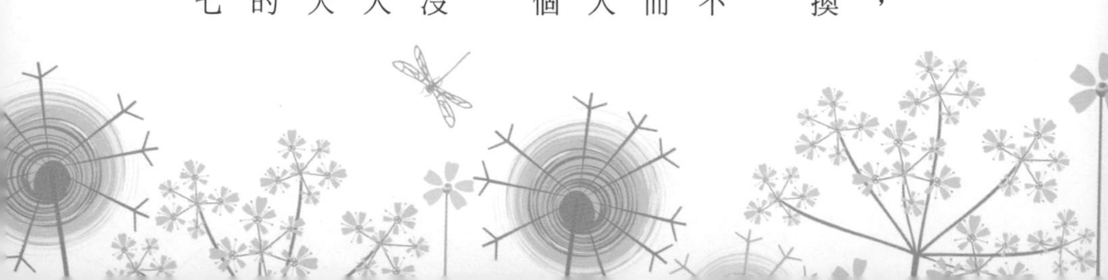

在我家，我發現賊賊的兒子開始把我的衣服搬進他的衣櫥，顯然他其實非常清楚哪個衣櫥是他的，哪個衣櫥是我的。我對這一點感到非常的滿意。我說：「我們家的衣櫥沒有秘密，要穿，你拿去就是嘛。」這天，我還到兒子衣櫥找乾淨衣服，穿上他的校服上街買東西，感覺非常年輕。

有人把衣櫥的整潔程度，看做是個人性格和整潔習慣的顯現。其實，衣櫥還有「緩衝區」的用處。下班回家，朋友要來，想整理房間又沒力氣，一股腦兒的把雜物全堆進去，維持一個暫時還過得去的感覺。

符號學家亞佛烈．藍格（Alfred Lang）訪問過一個年輕太太，要她選公寓家裡「某些重要的物件」，她選的就是「放髒衣服的衣櫥」（dirty clothes chest）。因為，在她們的公寓，每家洗衣服有排日子，但有了衣櫥暫時存放衣物後，她就不一定要非得在輪到洗衣服那天洗不可了。這位太太說，衣櫥提供的感覺就是「舒服」，同時也是個不錯的裝飾品。亞佛烈．藍格從三個層面闡釋衣櫥的「功能——心理史」：功能（對這個衣櫥真正功能的認知）、我的感覺（自由、舒服等等）、行動（把髒衣服放進衣櫥、由誰來放等等）和文化美學層面（裝飾品）。一個衣櫥，原來還有此等分析方式，真有意思。

親子系列01

親子36計——爸媽、兒女，和一個說話的屋子

金塊文化

作　　者：呂政達
發 行 人：王志強
總 編 輯：余素珠
美術編輯：JOHN平面設計工作室

出 版 社：金塊文化事業有限公司
地　　址：台北縣新莊市立信三街35巷2號12樓
電　　話：02-2276-8940
傳　　真：02-2276-3425
E-mail：nuggetsculture@yahoo.com.tw

劃撥帳號：50138199
戶　　名：金塊文化事業有限公司

總 經 銷：商流文化事業有限公司
電　　話：02-2228-8841
印　　刷：群鋒印刷
初版一刷：2010年9月
定　　價：新台幣240元

ISBN：978-986-85988-7-4
如有缺頁或破損，請寄回更換

團體訂購另有優待，請電洽或傳真

國家圖書館出版品預行編目資料

親子36計：爸媽、兒女，和一個說話的屋子
／呂政達作——初版. —— 臺北縣新莊市：
金塊文化，2010. 09 面； 公分（親子系列：1）
ISBN 978-986-85988-7-4（平裝）
1.親職教育　2. 親子溝通　3. 子女教育
528.2　　99015980

金塊文化

金塊文化